Integrándonos

Según las Leyes de la Naturaleza

Michael Laitman

Integrándonos - Según las Leyes de la Naturaleza

Derechos Reservados © 2012 por Michael Laitman

Reservados todos los derechos
Publicado por ARI Publishers
www.ariresearch.org   info@ariresearch.org
1057 Steeles Avenue West, Suite 532, Toronto, ON, M2R 3X1, Canadá
2009 85th Street #51, Brooklyn, New York, 11214, USA

Impreso en Chile

Traducción: Merav Gottdank
Revisión: Silvana Pisari
Diseño de tapa: Efrat Lavi
Diseño gráfico: Gill Zahavi
Coordinador del proyecto: Tal Tzitayat
Publicación y post-producción: Uri Laitman

Primera edición: Julio 2014

INTRODUCCIÓN

Imagínense despertar a la mañana con una gran sonrisa en sus labios, sus corazones llenos de felicidad frente al nuevo día que les espera, las preocupaciones diarias por la existencia y la supervivencia han desaparecido de sus rutinas porque la sociedad que los rodea ha cambiado.

Ustedes despiertan tranquilamente a sus niños a un nuevo día de educación cualitativa en el jardín o en el colegio. En vez de ir a un trabajo desgastante, tienen el privilegio de entrar a un aula en la cual adquieren conocimientos que les ayudarán a llevar una vida mejor.

Durante el día los envuelve una sensación de amor y armonía del entorno familiar de apoyo. Entre todos existe una sensación de cooperación y de voluntad de servir al prójimo impecablemente. Ustedes entran a un nuevo mundo, en el cual la sensación de seguridad personal, suya y de sus queridos, sólo va aumentando.

Cierto, esto suena irreal, como una descripción fabulosa en un mundo de contradicciones y de un ego que va creciendo; sin embargo ¡es posible!

Últimamente estamos cada vez más interconectados. Nuestra creciente interdependencia da lugar a la fundación de comunidades sociales, que son el reflejo de un nuevo deseo que se está despertando – un deseo de conexión mutua, un deseo de estar unidos. Por lo tanto, trabajando en común, cultivando el deseo de unión, podremos construir un entorno que tiene por meta la conexión entre nosotros. Si adquirimos la consciencia sobre la raíz de nuestros sentimientos, nuestros pensamientos y nuestra conducta -y la de los que nos rodean-, pasaremos a ser un entorno conectado, acorde a la sabiduría existente en la naturaleza; y aquello que nos parece imaginario ahora, se convertirá en una verdadera realidad.

El libro "Integrándonos según las leyes de la naturaleza" se basa en una serie de charlas realizadas entre el psicoterapeuta Anatoly Ulianov, especialista de renombre a nivel mundial del método Gestalt, con el Dr. Michael Laitman.

En estas charlas se propone una plataforma ideológica de un nuevo método de estudio para la vida, que ofrece soluciones prácticas a problemas personales y generales en todos los terrenos: desde el núcleo familiar, pasando por el lugar de trabajo, hasta la sociedad global. Más allá de un análisis y ejemplos prácticos sobre estos temas, se presentan principios que conducen a un cambio personal y social con el propósito de mejorar nuestras relaciones personales; un cambio que marcará un camino a una vida armoniosa y a una mejor realidad.

El Editor

Capítulo 1
El movimiento mutuo hacia el equilibrio

Principios del capítulo:
- Dos modos para llegar al equilibrio – mediante sufrimientos o mediante elección
- ¿Cuál es el estado confortable para mí – encerrarme o estar conectado?
- El camino a la formación de una nueva perspectiva de vida
- Cambio de la sociedad – cambiándome a mí mismo y cambiando las relaciones sociales
- ¿Dónde se encontrarán los recursos para lograr una repartición equitativa entre todos?
- ¿Cómo difundir el mensaje de la Sabiduría de la Conexión?

TODOS NECESITAMOS LA SABIDURÍA DE LA CONEXIÓN

La situación en el mundo está cambiando rápidamente y se ha formado la necesidad de crear un método de la Sabiduría de la Conexión. El número de desempleados en los países desarrollados aumenta constantemente, la gente está confundida, a pesar de recibir subsidios por desempleo. Hoy por hoy, aún se puede recibir este subsidio, pero no se sabe qué pasará más adelante. Se trata de cientos de millones de personas que se quedarán sin empleo, porque la crisis pondrá fin a todas las fábricas que no son de primera necesidad. Y entonces, ¿qué harán aquellas personas que se dedican a cosas que ya no se necesitan más?

Vemos cómo crecen los movimientos de protesta, gracias al Internet, al contacto mutuo y a la influencia de unos sobre otros. La humanidad entera, desde los ciudadanos más simples hasta los gobiernos, está interesada en tomar posesión de este proceso y evitar que evolucione de manera devastadora, porque la combinación de armamento moderno con el desarrollo destructivo de los eventos, puede acarrear terribles consecuencias.

Para evitar la intensificación de esta situación, que puede desembocar en guerras civiles e incluso en guerras mundiales, debemos pensar de antemano en la educación global e integral de las masas.

LA GARANTÍA DE LA SALUD INDIVIDUAL, FAMILIAR Y SOCIAL
¿Cuáles son los medios para llegar al estado futuro que deseamos lograr?

El propósito final de la naturaleza es la conexión completa entre sus partes, incluyendo a la humanidad como una parte de la naturaleza general. Para llegar a un estado de completa armonía, equilibrio absoluto y homeostasis, la naturaleza nos sugiere sólo dos modos de desarrollo, y los dos conducen a la misma meta.

Uno de los caminos es el camino del sufrimiento, que nos hará reconocer la necesidad de alcanzar el equilibrio a pesar de nuestros deseos e impulsos internos. Este es un camino muy difícil, complejo e imperioso. Así nos ha hecho desarrollar la naturaleza siempre. Es un proceso evolutivo, en el cual nos empujan por detrás, donde cada vez buscamos la forma de superarlo de la manera más confortable. Resulta que como resultado de estos empujes por detrás, buscamos una mejor vida, cometemos muchos errores, pero eventualmente, evolucionamos. Así se ha ido desarrollando el hombre, así han ido evolucionando las pequeñas sociedades y la humanidad en general.

Cabe la opción de evolucionar de forma positiva, en la que el individuo comprende de antemano que cada movimiento en la naturaleza está dirigido a la integralidad. Ya ahora se están revelando los primeros síntomas de esta integralidad futura, que nos obliga a subsistir en ella como parte de la sociedad, de la naturaleza y de la creación completa.

La naturaleza tiende al equilibrio, porque éste es la garantía de salud, seguridad y estabilidad de todo el sistema; así como existe el equilibrio en todas las partes de la naturaleza, y un ejemplo de ello es nuestro cuerpo.

Debemos referirnos a este estado futuro como la meta común de toda la humanidad, y comenzar a acercarnos a ella mediante organizaciones internacionales en las distintas zonas del mundo, a través de persuasión y, principalmente, educación. La educación debe ser insinuada, simplemente explicamos al individuo sobre las leyes de la naturaleza, las leyes del desarrollo de la sociedad humana, la conducta, el aprendizaje, las relaciones en la familia, la educación de los niños, la relación de pareja. Debemos aprender cómo vivir con un sueldo relativamente modesto, que puede llamarse también "pensión" o "estipendio".

Debemos aprender todo esto. Nosotros no sabemos cómo educar a los niños y cómo vivir con ellos. Vemos que la humanidad no nos enseña estas cosas. No enseña ni educa a sus descendientes, a la próxima generación, de manera que los prepare para la vida, cómo vivir bien.

Como sociedad, no nos preocupamos por que la gente sea feliz. Promovemos la competencia capitalista en la que las personas están dispuestas a destruirse mutuamente. Y dado que en tal competencia no puede haber un solo ganador, nos sentenciamos a nosotros mismos a presiones y problemas constantes. Como resultado de esto, nadie logra experimentar la felicidad.

Los psicólogos, sociólogos, padres, maestros y el resto de las personas que ya comprenden este problema o pueden comprenderlo, y tratan de sacar deducciones, deben mostrar a la humanidad entera mediante la ciencia, la sociedad y el Internet -el cual se ha convertido en una fuerza muy grande recientemente- que la verdadera Sabiduría de la Conexión es la garantía para la salud de la sociedad, el individuo y la familia. Sin ella, simplemente no subsistiremos, avanzaremos con pérdidas enormes. Al final del proceso, llegaremos a la misma meta, pero será un camino muy duro.

¡NO ME SAQUEN DE MI ZONA DE CONFORT!
¿Qué significa "ser integral" para una persona individual o una familia?

El ejemplo clásico de integralidad es la relación que existe en un sistema de ruedas dentadas. Estamos conectados unos a otros como un mecanismo de ruedas dentadas que están enlazadas unas con otras. Cada movimiento de una de ellas en cierta dirección obliga al resto de las ruedas a realizar el mismo movimiento.

No obstante, actualmente, esa relación que existe entre nosotros aún no actúa de forma absoluta. Aún nos encontramos a cierta distancia uno de otro como ruedas dentadas en la caja de cambios del automóvil, y entramos gradualmente en conexión entre nosotros. Es decir, existe entre nosotros cierto contacto que ya ha comenzado a tensarse seriamente. En los próximos años llegaremos a una cercanía y coordinación tales que las ruedas dentadas se moverán en una coordinación absoluta.

Imaginémonos un estado en el que nos encontramos bajo una gran presión en todos los aspectos de la vida, y nuestros pensamientos, deseos, actos y decisiones dependen completamente de la sociedad y de las circunstancias a nuestro alrededor. Nos sentiremos como encarcelados, como en una esclavitud absoluta. Es una situación intolerable. El individuo querrá desprenderse, simplemente huir a otro sitio, incluso morir, con tal de no sentir esa presión constante en todos los grados, mental, espiritual y emocional.

Debemos preparar al individuo a que sienta su contacto con los demás como algo placentero y maravilloso. Este estado, de hecho, es completamente opuesto a nuestra naturaleza, pero se acerca a nosotros sin piedad, y da miedo pensar cómo comenzará esto a penetrar en nuestras vidas.

De a poco nos vamos acercando a este estado, y en la medida que nos vamos acercando, se despiertan distintas revoluciones, en el terreno político, en el terreno familiar, en el terreno económico, con el colapso del sistema monetario y del sistema económico, etc. Con el tiempo, estas revoluciones solo se expandirán. Este estado, al no ser placentero, simplemente puede llegar a "explotar", hasta llevar a una guerra a nivel mundial. En un estado así nada le importa al individuo que deberá liberarse de esas esposas. Por lo tanto, debe haber una compensación psicológica interior a este estado insoportable.

El hombre moderno no quiere involucrarse con nadie. Se encierra en su departamento, con su computadora. En el trabajo también está concentrado en su computadora. Después del trabajo va al supermercado, compra comida para calentar en el microondas, y luego nuevamente se sienta frente a la computadora y se va a dormir. De vez en cuando, posiblemente, se encuentra con alguna chica o con algunos amigos, y ya está.

El hombre ha construido esta vida de acuerdo a su demanda interior. Pero si llegara a sentir que a su vida interior, a su cómoda "mazmorra" de la cual no tiene a dónde escapar, entran otras personas, entonces, así lo quiera o no, se irá despertando en él la sensación de que lo están obligando a algo. Y aquí, seguramente, habrá serias fricciones.

Los psicólogos también pueden entender este estado. Así como un individuo salta de la ventana del piso número cincuenta o cien de un edifico en llamas, y le dicen "morirás", y él dice: "cierto, pero en este preciso momento, el fuego es más terrible para mí que un segundo en el aire sin llamas de fuego". No piensa qué sucederá después. Temo que estados como éste se van acercando sin demora.

CONEXIÓN MUTUA ABSOLUTA

El hombre moderno encuentra un escape entre las paredes de su casa. El contenido que consume, como series de televisión, etc., no tiene rostro. Por lo tanto, no está claro cómo esa conexión mutua general le afectará. Si alguien se encierra en su departamento, ¿cómo llegarán a él todas las preocupaciones y presiones de las que nos habla?

Llegarán a través de situaciones desagradables que el individuo irá sintiendo. Si todo siguiera como hasta ahora, no sucedería nada terrible. Te has encerrado dentro de un caparazón y en éste subsistes. Te sientes cómodo en esa situación. No deseas cambiarla, no quieres casarte, no quieres procrear, no quieres tener relaciones estrechas con amigos, porque muchas veces sientes que esas relaciones son bastante artificiales. Tus padres te "asedian", sientes obligación de mantener contacto con ellos, ni hablar de visitarlos. Si la situación siguiera así, no podría ser mejor: nací, me desconecté de mis padres, formé un nido en el cual vivo, y listo. En él existo.

Pero el asunto está en que el propósito de la naturaleza es llevarnos a un equilibrio con ella, es decir, convertirnos en integrales, conectados unos a otros completamente, como partes de un solo sistema analógico. Todas las partes de este mismo sistema, dependen unas de otras, y si sucediera alguna interrupción que dañara alguna parte, ésta se expandiría a todo el sistema. El sistema también llega a cierto estado de turbulencia, y luego, gradualmente, se equilibra según sus leyes, y nuevamente se frena y se estanca.

De todas formas, de estos estados de equilibrio y desequilibrio, todas las partes del sistema influyen unas en otras. Es una conexión mutua absoluta, y esta conexión mutua es percibida por el individuo, especialmente cuando no se encuentra en estado estático.

En un estado estático, todo está calmo. Y cuando todos los contactos están equilibrados, entonces uno se encuentra en el centro, como una araña en medio de la red, y siente que está en equilibrio. Cuando los distintos marcos están equilibrados en todas las direcciones y uno se encuentra en el centro, no siente su presión. Y así cada uno se siente en un sistema balanceado.

Pero ese sistema vive, es orgánico. La naturaleza nos conduce todo el tiempo a tal estado que se define como el propósito de nuestra evolución. Por lo tanto sentiremos todo el tiempo agitaciones que irán aumentando, desviaciones, falta de balance, violación de la homeostasis, y por ello no lo pasaremos bien.

CUANDO LA LIBERTAD ES PEOR QUE LA ESCLAVITUD

Hay personas que viven exactamente como lo ha descrito. Estas son personas en la edad media que crearon a su alrededor un marco confortable de vida. Sin embargo usted dijo que la ansiedad y la falta de serenidad interior no les permitirán vivir en paz en su departamento.

Cierto, no podrán continuar así, porque la ansiedad no es sólo interna, sino también externa. Nosotros avanzamos hacia un estado en el que el mundo se deshará de la producción superflua, y entonces sólo parte de la población tendrá trabajo. La mayoría de las personas se quedará en un estado de vacío absoluto, porque se acostumbraron a ser esclavos.

Así vive prácticamente toda la población del mundo. El individuo sale de su casa a las seis de la mañana, lleva a sus hijos, si los tiene, los deja en el jardín o en la escuela, viaja al trabajo, vuelve del trabajo, recoge a sus hijos y quizás sale de compras. A la tarde los padres tienen una media hora para bañar a los hijos, comer alguna comida ligera y ya. Así finaliza el día, y al día siguiente se repite lo mismo.

Llegamos a un estado en el que si hay más tiempo disponible, crece la sensación de estar perdidos, al no estar en el marco al que estamos acostumbrados. Nos sentimos fuera del marco, y es mucho peor. Esta sensación interna de libertad es mucho peor que la esclavitud. Si no le damos al individuo la posibilidad de recibir un llenado de cualquier otro origen, porque si no se le da la sensación de límites, de un marco, como en el trabajo, la sensación de algún compromiso y servicio a la sociedad, como se acostumbró, entonces se crearán grandes problemas.

Debemos entender que en un futuro, el individuo deberá invertir sólo dos o tres horas al día para conseguir lo indispensable: trabajo, servicios para sí mismo y para los demás, etc. El resto del día, aproximadamente 20 horas diarias, estará libre de obligaciones.

Para evitar que el sistema social salga del equilibrio, todos juntos, sociólogos, psicólogos, expertos en ciencias políticas, deberán programar y pensar muy bien sobre los patrones que deberemos adquirir como humanidad para sentir nuestro objetivo, sentir que somos felices y estamos llenos de todos esos sentimientos internos que nos dan la sensación de vitalidad y superación.

No es simple hacerlo cuando no hay compromisos, cuando no hay una presión de arriba, cuando no hay necesidad de trabajar duro para ganar más y vanagloriarse de ello delante de los vecinos, etc.

Llegamos a una actitud completamente diferente hacia nosotros mismos, hacia la sociedad, hacia la vida, una actitud que tiene que manifestarse con la adquisición de un nuevo punto de vista sobre la vida mediante una educación nueva. Este es un sistema muy complicado, pero que proviene de ese resultado final que queremos alcanzar, y de las condiciones que la naturaleza creó.

La naturaleza nos obliga a renunciar a la producción superflua. La clase media desaparecerá prácticamente en su totalidad. Quedarán los ejecutivos, los tomadores de decisiones, con un poco de funcionarios y muchísimos desempleados; y un 10% de la población del mundo trabajará y se ocupará de la producción al servicio del resto. Habrá necesidad de este 10%, y el resto, simplemente no será necesario.

En realidad, la humanidad ha sido creada de forma que el 90% de ella tiene que ocuparse de un tipo completamente distinto de actividad: desarrollo personal y contacto entre los individuos. Ellos serán los que formarán el entorno integral, global, completo y equilibrado, que llevará a la humanidad al equilibrio con la naturaleza, y entonces tendremos derecho de existir.

Si sólo el 10% de la población tendrá empleo y no habrá necesidad del resto, el propósito de la creación no será alcanzado. El propósito de la creación es que todas las partes, todos los grados de la naturaleza – inanimado, vegetal, animal y hablante – lleguen a una armonía completa entre ellos. Sólo entonces este sistema llegará al estado final de equilibrio.

LA LEY DE LA ARMONÍA UNIVERSAL
¿Qué significa vivir en armonía?

La armonía es algo simple. Su origen está en la existencia de dos fuerzas en la naturaleza: fuerza de otorgamiento, positiva, y fuerza de recepción, negativa. Estas fuerzas se revelan como sistemas equilibrados en distintos niveles, a nivel biológico, físico, moral, etc. Cuando están equilibrados en el cuerpo humano es señal de buena salud. Cuando están equilibrados en la naturaleza, esto significa que ella se encuentra en estado de descanso absoluto. La falta de equilibrio, sin embargo, acarrea todo tipo de movimientos.

Obviamente, la falta de equilibrio es indispensable, porque es la que da vida. La constante cooperación entre estas dos fuerzas en ciertos marcos, sus vacilaciones una respecto a la otra, son las que crean la vida. Por ejemplo, la expansión y contracción del pecho, del corazón y del resto de los órganos, están formadas a base del movimiento mutuo de estas fuerzas opuestas, que se sostienen y se complementan. La vida es lo que se forma entre ellas, como resultado de una cooperación correcta, mutua y armoniosa.

En nuestro próximo grado evolutivo, la sociedad humana entera deberá llegar exactamente a esta forma de trabajo, donde habrá un movimiento coordinado entre sus partes. Pero estas vacilaciones serán como la exhalación e inspiración, que dependen mutuamente una de la otra, siendo la fuerza de otorgamiento igual a la fuerza de recepción. Estas trabajarán entre ellas alternativamente, según lo que otorguemos a la naturaleza, en relación a cuanto necesitemos de ella. Entonces viviremos en armonía, en homeostasis, en un estado de apoyo común.

El punto de partida de la naturaleza es que nosotros debemos llegar a un estado de equilibrio entre sus dos fuerzas principales - la fuerza de otorgamiento y la fuerza de recepción. Es una tendencia general en la naturaleza. No podemos hacer nada contra esta fuerza general universal. Sólo podemos comprender hacia dónde nos empuja y cómo integrarnos de forma correcta, independiente y consciente en la realización de esta ley externa y absoluta, a la cual estamos sometidos. Así podremos sentirnos cómodos en todos los grados de desarrollo del camino, hasta alcanzar el estado final de equilibrio absoluto con la naturaleza.

CURSO DE EDUCACIÓN PARA LA ARMONÍA

Actualmente organizaciones gubernamentales y sociales demandan un curso de la Sabiduría de la Conexión. ¿Cuál sería el formato del curso? ¿Cómo adquirirán las personas habilidades en un sistema basado en la armonía mutua?

Debemos desarrollar varios cursos que combinen entre diferentes campos, y no sólo un curso. La gente recibirá información en clases frontales, debatirá esta información recibida en el contexto del grupo, o en la clase de estudio o en forma virtual, y esto se hará mediante un maestro experto, que explique de forma clara la materia.

Primero y principal, deben estudiar la psicología humana en el grado más básico y elemental, al nivel que cada uno pueda comprender: quién soy, qué soy, en qué forma pienso, en qué forma actúo y me relaciono con los demás. Se debe explicar la psicología de la cooperación en la pareja, entre padres e hijos, y enseñar cuál es la actitud correcta hacia los niños, cómo educarlos, cómo manejar la economía familiar de acuerdo a las exigencias que la naturaleza nos impone: cuánto consumimos, y cuánto devolvemos. Es decir, tenemos que introducirnos en un marco que nos equilibre.

Obvio que cada uno de nosotros necesita un departamento, una familia, seguridad, salud, alimento, etc. Estas son las condiciones básicas que cada individuo tiene derecho de recibir que adquirirá cuando cumpla con las demandas de la sociedad. Aparte de las necesidades básicas, el individuo tendrá derecho a condiciones adicionales de acuerdo a su ocupación, sea industrial o social, esté estudiando o enseñe a los demás.

De hecho, las personas trabajarán entre dos a tres horas diarias, mientras que cabe la opción de que haya quien trabaje más y otros menos, sin sin relación con el salario que reciban. Todas las demás personas se ocuparán de crear un equilibrio en el sistema de actividad humana en el planeta. De esta forma crearemos una sociedad diferente. Todo esto lo debemos explicar y describir de acuerdo a los diferentes ámbitos. Explicar la historia de la humanidad como resultado de la evolución de nuestro ego, el cual ha provocado el estado de sobresaturación al que llegamos hoy, al punto que ya no queremos evolucionar.

Hoy en día ya no queremos nada en la vida. Llegamos a la depresión, las drogas, el terror, o sea que alcanzamos el grado más cercano a la degeneración de nuestro ego. Ya no queremos avanzar a ninguna parte. Por lo contrario, entramos en decadencia, al alcoholismo, a la bajeza, porque no vemos ninguna opción de ascender. Es decir, aún no estamos preparados para el estado al cual ha llegado nuestro ego, en el que comienza a redondearse y a recibir una forma integral, después de haber alcanzado el grado máximo de su desarrollo. Por ello es que no entendemos qué tenemos que hacer, y no logramos organizar y regular los recursos naturales, las redes de comunicación y el desarrollo en general. El nuevo paradigma general, la nueva actitud hacia la vida, le deben permitir a cada individuo corregir la crisis en todos los terrenos de la vida, en la familia, en la sociedad, en la ecología, en la economía, etc.

Después de un curso de capacitación general, hay que impartir un curso de la Sabiduría de la Conexión. En los grupos de estudio, las personas trabajarán de forma práctica, a través de debates y simulaciones, con los distintos componentes de la conexión. Los participantes crearán los roles como todo actor que cuenta con una variedad de técnicas, de las cuales compone el personaje que representa. De esta forma debemos enseñar al individuo las leyes del comportamiento en el mundo integral. Y el mundo integral no le parecerá artificial porque aprenderá las conexiones correctas con los demás, y estas relaciones despertarán en él, repentinamente, una cierta sensación de calma elevada, paz y regocijo.

Los espacios que llenábamos anteriormente con varios logros económicos, mediante la competencia capitalista, comenzarán a llenarse desde una dirección completamente diferente, basada en otro esquema, y a la par de que estos espacios se irán llenando, todos sentiremos una seguridad completa. Nadie tendrá que entrar en conflictos con el prójimo. En esta parte del estudio debemos juntar varios grupos. Se tratará de una actividad seria, muy interesante, en la que podrán participar padres con sus hijos, parejas y hasta vecindarios enteros. Comenzaremos a crear el nuevo formato de relaciones sociales, el nuevo punto de vista sobre la vida y el mundo, de forma que cada uno comenzará a sentir la globalización de la naturaleza, su integralidad, su armonía interior. Y esa armonía es, en realidad, nuestra exigencia interna, la cual queremos sentir, la cual tratamos de conseguir en nuestra inútil competencia de uno contra el otro.

NO SE PUEDE ESPERAR
¿Cuáles son esas buenas relaciones que uno debe aprender en el proceso educativo?

Hoy, la naturaleza nos demuestra gradualmente que estamos interconectados de forma global e integral. Pero en lugar de organizar un sistema general, integral, cerrado y homogéneo de ayuda mutua, nos enfrentamos unos a otros. Es decir, mientras tanto, seguimos conectados por un sistema egoísta, dirigido a la destrucción mutua.

La naturaleza se nos revela desde una dirección completamente distinta, y nos trata como a un sistema integral, analógico, conectado mutuamente, mientras que nosotros nos enfocamos sólo en los roces y en los difíciles conflictos que existen entre nosotros. Como resultado de esto, no podemos llevarnos bien – no sólo entre nosotros ni tampoco con la naturaleza. No somos capaces de llegar con ella a ningún equilibrio. Por eso no podemos enfrentarnos a la crisis actual.

Esta crisis global e integral sólo está comenzando y aún no vemos su final. Ya hace 7-8 años surgieron las primeras señales de las que hablé en el extranjero en los congresos internacionales. Todos dicen: "nosotros sobreviviremos, así como sobrevivieron en América y en Japón". Pero no sobreviviremos a la crisis. Hay que comprender que la naturaleza nos empuja hacia cierta meta. No podemos esperar. Si lo hacemos, lo pagaremos muy caro.

Debemos comprender que tenemos que ser semejantes a la naturaleza misma. Ésta nos obligará a llegar a ello. Tiene suficientes fuerzas y medios para lograrlo.

ASOCIACIÓN Y EXPRESIÓN PROPIA
¿Podría darnos un ejemplo de relaciones mutuas entre personas que se pueden denominar "integrales"?

La cooperación mutua significa que el individuo recibe y da de manera equilibrada. Cuando existe un sistema tal de relaciones mutuas entre las personas, esto significa que están conectados mutuamente de manera integral. La sociedad integral es una sociedad en la que cada uno recibe todo lo que necesita, y da a la sociedad lo que ésta necesita de él. Esa es la relación recíproca global e integral.

Asimismo, el individuo disfruta y se llena con la sensación que le provoca lo que descubre en la relación integral. Resulta que cuanto más da a los demás, cuanto más se incluye en la sociedad integral, más se llena de ella. Comienza a descubrir este sistema, a introducirse en él, a pertenecer a él.

Uno se convierte en parte inseparable del sistema, como un componente electrónico, una resistencia o un condensador de capacidad, que es introducido a un esquema y entonces todo ese esquema trabaja en conjunto en una armonía general, y uno siente que lo traspasa. El individuo comienza a entender que su beneficio está solamente en su inclusión completa en ese sistema. Sin embargo, uno no pierde su singularidad, precisamente porque se brinda a sí mismo, a sus cualidades. El condensador dentro del esquema debe funcionar como condensador, y la resistencia debe funcionar como resistencia. Es decir que dentro del sistema cada cual debe ser quien es.

La naturaleza creó a cada uno de nosotros con esa intención, para que precisamente nuestra máxima realización en el esquema general le dé a cada uno la posibilidad de encajar en ella de manera integral. La participación personal, individual, especial, de cada uno, no es opuesta a la integralidad del esquema, sino todo lo contrario, dentro del esquema te puedes expresar de forma plena.

PAQUETE INFORMATIVO SOBRE LA SOCIEDAD FUTURA
Necesitamos un método educativo más preciso. Tal como se ha

dicho, parte de éste, es instructivo. ¿Qué más debería incluir este paquete informativo?

Los cursos deben incluir información en temas variados como: psicología, fisiología y sociología de la sociedad humana. El tema principal es el desarrollo de la sociedad humana a lo largo de la historia como resultado de la evolución del ego individual y general. Luego, información sobre la psicología del comportamiento del individuo, su cooperación consigo mismo, con la familia, con los hijos, la educación de los niños, la cooperación entre los cónyuges y la cooperación en la sociedad: ¿cómo se desarrolla una sociedad a partir de individuos?

El material de estudio tiene que ser presentado de manera clara y accesible a cada persona. Tenemos que hablar tanto acerca de la sociedad moderna como sobre la sociedad futura, hacia la cual nos conduce la naturaleza. La diferencia entre ellas es la que nos da la sensación de falta de confort que sentimos ahora. Por lo tanto, debemos descubrir la esencia de las dos sociedades, la moderna y la futura, y entonces el individuo verá qué más debe hacer en su vida y así avanzará a la realización de la meta, y verá cómo debe cambiar la sociedad, mediante su cambio personal y el cambio de las relaciones sociales.

Así logramos que la gente avance, no luchando, sino formando un fondo confortable, integral y placentero, partiendo del contacto entre ellos, construyendo nuevas relaciones mutuas. Y este cambio influirá a todos los demás. Debemos usar todos los medios de comunicación para que éstos trabajen a favor de esta idea. Sólo así podremos evitar revoluciones o incluso guerras mundiales.

Los próximos temas deben estar incluidos en el programa del

curso sobre la sociedad futura: cómo podemos pasar a esa sociedad, basándose en qué cualidades y qué significa subsistir en ella. Debemos jugar como niños, como si ya estuviéramos viviendo en ese futuro y ese juego nos modelará gradualmente.

Por ejemplo, imagínense que reciben una suma de dinero, la suma mínima de dinero necesaria para sustentarse. Tienen un departamento, quizás también una familia, o están solos. Eso es lo que les pertenece por ahora, lo que la sociedad puede proveerles. Y ustedes, a cambio, deben participar de algunas actividades sociales. Y entonces hay que averiguar qué resulta de esto. ¿Cómo formaríamos una sociedad de este tipo? ¿Pensamos correctamente acerca de su integralidad? ¿Es posible obligar a alguien a vivir de cierta forma?

Está claro que no es posible forzar a nadie, pero es posible hacerlo mediante la educación. Y aquí debemos referirnos con mucha seriedad a la toma de las nuevas decisiones. El individuo comprenderá que si obra correctamente, recibe aliento de la sociedad, y también su sensación interna mejora.

Tenemos gruesas capas de egoísmo, serias capas, que debemos corregir interiormente y elevar al individuo por encima de sí mismo, de su ego, para que comience a comprender que la sociedad integral funciona sólo cuando estamos conectados un ego con el otro mediante el otorgamiento.

Cada uno de nosotros es como una pequeña rueda dentada y la conexión entre estas ruedas dentadas sucede dentro del deseo de otorgar, de conectarse, de estar en armonía con los demás. Y entonces nos conectamos en un sólo sistema. Si no conectamos las ruedas dentadas por elección propia, se conectarán forzosamente, se frotarán entre sí y sacarán chispas.

Hay que explicarle al individuo y demostrarle prácticamente todos estos temas. En la medida que se le enseñe y que se trate de sentirlos e implementarlos en el estudio práctico, de esta manera se formarán nuevos hábitos en nosotros. Comprenderemos por qué a uno le va bien en la vida y a otro no. Nuestro nivel de sensibilidad al reconocimiento del mal que existe en nosotros crecerá. Y comenzaremos a ver el ego incluso en sus pequeñas manifestaciones, y comprenderemos que no sucede lo que uno desea, porque usa demasiado el ego. Ya no estaremos como ciegos que avanzan a los golpes, a través de sufrimientos, sino que comenzaremos a participar en ese movimiento por elección y reconocimiento.

LA FÓRMULA PARA REPARTIR LOS RECURSOS

Cuando participé en un entrenamiento para crecimiento personal, la última fase del curso era una práctica financiada por un enteexterno. ¿Es posible realizar lo mismo en la Sabiduría de la Conexión?

En la inclusión en la sociedad futura, se toma en cuenta el total de todas las personas y el total de todos los recursos, y se reparten los recursos entre todos, según un cálculo que verifica que la sociedad trabaja para proveer para todos lo mínimo necesario para un sustento normal. El resto del tiempo, las personas se ocupan de crear una conexión integral entre ellas. Entonces todos ven de dónde se puede tomar, dónde hay que agregar, y cuántos recursos se necesitarán para formar esa conexión integral. Obviamente que la sociedad necesitará ganarse esos medios.

UN CAMINO FÁCIL Y RÁPIDO
¿La relación integral significa que en todos mis actos considero los intereses del resto de las personas?

Sí, pero hay que aprender cómo hacerlo y ejercitarlo. La sociedad completa tiene que participar de este estudio. Todos, sin excepción, tienen que ser alumnos que aprenden el nuevo mundo.

Nuestra falta de conocimiento respecto al mundo integral es el origen de todos nuestros problemas de hoy. Hemos entrado a un nuevo sistema de cooperación entre nosotros y la naturaleza, de colaboración dentro de la sociedad humana, dentro de la unión general en el mundo y no sabemos cómo actuar. La naturaleza nos empuja a un nuevo mundo, mientras que nosotros ni siquiera conocemos sus leyes. De esta forma nos comportamos descuidadamente.

Primeramente hay que salir de un principio muy simple: la naturaleza nos conduce hacia la integralidad. ¿Queremos acaso llegar a la felicidad mediante golpes? O, ¿queremos acaso lograrla de una manera fácil y rápida? El camino fácil y rápido es el camino del reconocimiento independiente y la aceptación voluntaria de que nos anticipamos al golpe del palo que nos empuja desde atrás.

EL PUEBLO ES EL NUEVO GOBIERNO
Después que el curso está listo, ¿a quién se puede recurrir?

También al gobierno, también al público, también a personas de distintas ramas de la ciencia y la sociedad, mediante las cuales comenzaremos a promoverlo, a través del Internet, usando todo medio posible.

De hecho, actualmente el gobierno se dedica sólo a sectores muy reducidos de la sociedad y el país. Es como si estuviera a un costado y sus funciones fuesen mermando. A su alrededor, distintas organizaciones que se ocupan de áreas como economía, sociedad y educación, van creando diferentes programas. ¿Qué funciones le han quedado al gobierno? El propio sistema de salud ya está casi fuera de su control. Los ejércitos se convierten en ejércitos pagos. Vemos como el símbolo del rey, el gobernador único o el parlamento, paulatinamente, va declinando y desapareciendo, y en su lugar aparecerán nuevos sistemas independientes, sociales, económicos y políticos, que no están necesariamente conectados con el gobierno.

Por eso no es necesario transmitir el curso a través del gobierno, pero obviamente tiene que ser transmitido por el sistema de educación. No se trata de educación de niños, ni de educación profesional, ni de educación técnica o de educación académica. Se trata de la educación del pueblo. Es la construcción de una nueva humanidad, que de otra forma no sobrevivirá. Actualmente tenemos firmes contactos con la UNESCO y con la ONU. Tenemos allí representantes que sirven de consejeros.

No hay que recurrir a nadie más que al pueblo, especialmente desde la aparición del Internet. Aún no entendemos suficientemente el valor de ese nuevo "gobierno". Sólo hay que usarlo de forma adecuada.

LA EDUCACIÓN INTEGRAL: ¿VIRTUAL O FÍSICA?

¿Cuál es la mejor manera para enseñar a la gente, hacerlo virtualmente o por medio de cursos físicos?

Yo considero que puede ser virtual, pero debe incluir exámenes. Esto obligará a cada uno en la sociedad a estudiar.

Así como antes el individuo trabajaba para recibir un sueldo, ahora deberá pasar cierto tiempo en el marco de un plan de estudio integral, y no podrá permitirse tomarlo a la ligera. Deberá repasar cada clase, contestar a preguntas, enviar sus comentarios, o sea, participar activamente en el proceso. Al final del curso tendrá que pasar un examen con presencia física, para ver su resultado.

Tenemos que controlar el avance de cada uno porque el éxito de la sociedad integral depende de cada uno de nosotros. Aquí nos encontramos con otra cualidad interesante de este sistema: dado a que es integral, cada uno tiene el mismo grado de importancia que el resto.

Después del estudio integral y los exámenes físicos, hay que conectar a la gente en grupos. En esta fase tendrá ya que haber un trabajo práctico con gente. Debe realizarse en los barrios, en las escuelas, a distintas horas del día, en los centros culturales, en programas de televisión, etc. Hay que dedicarle a este tema creaciones musicales, actuaciones de teatro y literatura, que describan y lo presenten desde diferentes ángulos.

FUERZA SUPERIOR DEL PENSAMIENTO
La sociedad ha desarrollado costumbres de cooperación egoísta, de abuso mutuo. ¿Cómo es posible superar estas viejas costumbres y crear nuevas? ¿De dónde se absorbe fuerza para hacerlo?

No cabe duda que sólo la educación directa, gradual, basada en ejemplos y simulaciones, es la que traerá el cambio de concientización del individuo. Y sin ninguna presión, sino precisamente desde el reconocimiento de que el cambio es esencial y favorable, y todos saldremos beneficiados de él.

Eventualmente, la masa inmensa de personas que comenzará a obrar así partiendo de las nuevas costumbres, influirá al resto del sistema, a todo el planeta. Cuando la mayoría de las personas comience a pensar en lo mismo, sus pensamientos influirán al resto. Estas personas tendrán una fuerza de pensamiento increíble.

Digamos que con el método de la Sabiduría de la Conexión se conectan cien mil personas. No hay otra organización en el planeta entero en la que cien mil personas a la vez se ocupen en algo nuevo, especial. Así comenzaremos a verter dentro de este sistema interno, en este contacto subconsciente que existe entre todos los ciudadanos del planeta, una fuerza integral inmensa, que obra por una meta específica.

La gente comenzará repentinamente a demostrar interés en la conexión integral, tendrá cierta actitud, se referirá a ella y la buscará. No sabrán de dónde proviene ese nuevo interés, porque es algo que aparece en nosotros así como aparecen todos nuestros deseos y pensamientos. De pronto, todos, del más pequeño al más grande, comenzarán a sentir que este contacto es cercano a ellos y es necesario, ya que el contacto mutuo interno existe entre todos sin excepción alguna.

Capítulo 2
Descubriendo un nuevo mundo

Principios del capítulo:
- Tomarse el tiempo para aprender acerca de nuestra interconexión.
- Tanto niños como adultos deberán aprender a vivir en el nuevo mundo.
- Método de estudio – Grupos separados de hombres, mujeres y niños, que luego se unirán y se volverán a dividir.
- El estudio – Gradual, cada uno de acuerdo a su antigüedad en el estudio.
- Medios de aprendizaje – Simulación de tribunales, juegos de cambio de roles, debates.
- Cada uno es alumno y también maestro.
- El ego al servicio del proceso de la conexión.
- Un nuevo mundo para la cultura del tiempo libre.

Creando armonía

El actual desarrollo de la humanidad nos lleva a deducir, como sociedad, que si en el pasado las personas trabajaban como mínimo

10 horas diarias, en la actualidad, esa proporción debe cambiar radicalmente.

Nosotros no debemos situar al trabajo como centro de nuestra existencia, sino trabajar lo justo para mantener un nivel de vida digno y normal. No se habla de lo mínimo, sino de un nivel que es considerado esencial para nuestra existencia. No aspiraremos a conseguir más que esto, considerando que solamente así lograremos alcanzar el equilibrio con la naturaleza que nos rodea. El balance entre la fuerza de recepción y de otorgamiento es medido de acuerdo a lo que cada uno recibe de la sociedad y a lo que le brinda a cambio. Con esto, la persona estabiliza a toda la sociedad humana en relación con la naturaleza.

Como resultado, la persona contará con mucho tiempo libre y el espacio que se ha de producir, deberá dedicarlo a conseguir el equilibrio y la armonía entre todos. La persona debe desarrollarse a partir del diálogo y la conexión con los demás. El hecho de que tendremos diariamente entre siete u ocho horas libres está premeditado por el plan de la naturaleza. No en vano avanzamos en tecnología, en comunicaciones, en servicios y en el comercio internacional, hasta el punto, que podemos abastecer todas nuestras necesidades trabajando solamente dos horas diarias.

Este desarrollo fue determinado por la naturaleza y debemos contemplar el nuevo estado que se ha formado como una realidad objetiva. El tiempo libre fue intencionalmente creado para llevarnos al equilibrio necesario. Entonces, se nos ha de abrir un nivel diferente de existencia en la naturaleza, es el nivel donde se halla el plan de la creación, la dirección suprema. Comenzaremos a sentir el mecanismo que dirige a todo el universo, y que incluso nos dirige a nosotros mismos.

Debemos explicar esto a todo el mundo y en un determinado tiempo llevar a la sociedad a que vea la vida de forma renovada. Esa es la visión del mundo, el nuevo paradigma de la actualidad, el cual las personas deberán interiorizar y al que deberán acostumbrarse y de acuerdo a esto, cambiar por completo su forma de pensar, sus planes, su manera de ver la vida, de ver al mundo y a todo en general, es decir que el ideal más importante, el valor más elevado, deberá ser: "Nosotros", lograr nuestra mutua conexión y el equilibrio con la naturaleza.

Lo más importante es el "Nosotros"

En el método de la Sabiduría de la Conexión se le brinda una especial atención a la parte práctica, lo que concierne a la vida misma y no a la parte abstracta de la educación. ¿Son los principios básicos, como juegos, actividades en "ronda" y debates, apropiados para todos?

En esta cuestión somos como niños que necesitan captar algo nuevo. Nosotros estamos empezando a descubrir ahora un nuevo mundo, una nueva vida, una nueva forma de relacionarnos con el mundo. Es por eso, que debemos cambiar y descubrirlo por nuestros propios medios. En esto, nos asemejamos a los niños, debemos comprender ese mundo nuevo e integral que está por comenzar.

Con el fin de que sintamos que ese mundo integral se nos está acercando, y que su acercamiento no sea en la forma de una crisis como los es la actual crisis, para eso debemos dirigir nuestras acciones a entrar en armonía con ese mismo mundo integral.

Hoy la naturaleza comienza a tratarnos como a un sistema integral, el cual cuenta con una dependencia y equilibrio mutuos, en donde todas sus partes están balanceadas, se apoyan y hacen concesiones mutuamente. Lo más importante en este sistema es el "Nosotros" por lo tanto, debemos hacer un buen trabajo con nosotros mismos y alcanzar una nueva inteligencia que no llega por capricho, por invención o reflexiones filosóficas de alguien, sino como resultado de la ley de la naturaleza, que paulatina e involuntariamente se implementa en la sociedad humana y con la cual aún no concordamos.

Supongamos que nos introducen dentro de un marco redondo siendo nosotros cuadrados, y que no podemos trabajar dentro de un marco redondo. Esta situación la vivimos como crisis, es por eso que las personas deberán volver al aula y aprender a vivir en el nuevo mundo, prepararse para estar adaptados a él.

Hombres y mujeres

¿Resulta conveniente que hombres y mujeres estudien juntos dentro del marco de la Sabiduría de la Conexión, o es preferible que lo hagan por separado?

El enfoque de vida de los hombres puede llegar a diferir del de las mujeres, lo que puede llegar a interferir en el avance en ciertos temas. Conviene debatir sobre la conveniencia de hacer grupos femeninos por separado de los masculinos en temas que de género en su naturaleza, como cuando se trata de la función de la mujer en la familia y en la pareja, diferenciándola de la función masculina.

Después de haber preparado ambos grupos durante cierto período, será posible unirlos para realizar debates y esclarecimientos recíprocos. Será posible ver cómo van cambiando en base al material estudiado, empiezan a tener un punto de vista objetivo e integral. Podrán ya comenzar a desarrollar una conversación o debate y crear entre ellos un nuevo sistema de relaciones recíprocas. Cuando se evalúen mutuamente, comenzarán a concebir algo en común, ni masculino ni femenino, sino un vínculo común, prototipo de la próxima y perfecta sociedad.

Luego, será necesario discutir sobre las relaciones respecto a los niños y también a los padres. Incluir en el debate varias generaciones, clarificar y después ponerlo en práctica.

No hay edad para aprender

¿Existen etapas diferentes en la Sabiduría de la Conexión?, ¿dependen éstas de la edad de la persona?

Hay etapas diferentes, pero éstas no dependen de la edad del individuo. Aquel que tenga 18-20 años aproximadamente -edad adulta-, seguirá desarrollándose sin depender ya de la edad, sino de la absorción del material en sentido tanto teórico como práctico.

Esto se puede apreciar dentro de los estudios prácticos, donde participan jóvenes de 20-25 años, y también personas que podrían ser sus padres, incluso sus abuelos. Los debates que se realizan son tan animados que no se siente en absoluto la diferencia de edad entre ellos; esto se debe a que conversan sobre las relaciones recíprocas, familiares y sociales, que es algo totalmente nuevo para ellos.

Por las preguntas que se hacen en las clases o en las conferencias, y por la manera en que se incluyen en el proceso del debate, es interesante ver cuán poca relevancia tiene el tema de la edad, sin embargo, la experiencia sí la tiene, porque ésta se va adquiriendo de a poco, con los años. Durante todo ese tiempo, se debe acompañar y guiar a la persona.

A los grupos llegarán cada vez más personas nuevas, luego, esos grupos se unirán. Y también, los grupos separados de hombres y mujeres comenzarán a unirse y cuando compartan el mismo grupo, se unirán con el grupo de los niños y nuevamente se dividirán. Es decir, tenemos que mezclar a los estudiantes, para que logren comprender correctamente las diferentes situaciones de la vida y sus soluciones, comprender las relaciones mutuas en los lugares de trabajo, con los jefes, con los subordinados, con los vecinos, con aquellas personas que por alguna razón les resultan desagradables o por el contrario, con sus más allegados, con los cuales tienen algún tipo de compromiso. Así comenzará a generarse cierto cambio en las relaciones que existen entre las personas. Es necesario hablar sobre todos los tipos de relaciones y debatir sobre ellas. El individuo debe experimentar todas las diferentes situaciones, vivirlas, ponerse supuestamente "dentro de los zapatos" de otras personas, comparar entre ellas, y como resultado, unirse a ellas en un solo cuerpo completo, de modo, que dentro de la persona se han de desenlazar muchas escenas diferentes. En este proceso, serían de gran ayuda las filmaciones de video y los debates.

Todos somos niños de la vida

Supongamos que alguien estudia el método de la Sabiduría de la Conexión hace seis meses o un año, y otro recién comienza; ¿ellos deben estudiar juntos en la misma clase o el que ya tiene experiencia educa al nuevo?

El más experimentado y el nuevo alumno no pueden estar a la par en el mismo grupo. En nuestro mundo educamos a los niños hasta los veinte años, o un poco menos, y luego, los liberamos al mundo. Hasta que no los preparamos para la vida, los seguimos tratando como niños. Les brindamos nuestro conocimiento, un nivel de seguridad, apoyo, la asimilación gradual del mundo y el sentido de responsabilidad sobre sus actos y comportamientos.

Así, debemos tratar a los nuevos alumnos. Hay que apoyarlos, tratarlos como si fueran niños y por lo tanto, no pretender que tengan de inmediato un comportamiento correcto, en realidad, todas las personas del mundo serán clasificadas según los resultados que presenten en la Sabiduría de la Conexión.

Patio de juegos
¿Cuántas personas pueden componer un grupo de la Sabiduría de la Conexión?

Como hablamos de adultos y no de niños, no hay que esforzarse por mantenerlos juntos y entretenidos. No es necesario jugar para llamar su atención, basta con enseñarles en forma de juego. Por lo tanto, un instructor para 30-40 personas será realmente suficiente, o quizás, dos instructores para 50 personas.

¿Es conveniente filmar lo que experimenta cada uno?

La gente deberá pasar por un proceso de un profundo cambio interno, este es un gran trabajo psicológico del individuo sobre sí mismo, de conocerse, de esclarecer quién es él realmente, por eso, debemos filmar su actuación para que pueda verse desde un costado.

Nosotros jugamos todo el tiempo. Puedo imitar por ejemplo a un personaje determinado, que vi hace muchos años, lo hice parte de mí y hoy realmente logro interpretarlo, así es como nos comportamos, es comprensible psicológicamente. Por eso, lo más importante en el estudio práctico es darle al individuo la mayor cantidad de personajes correctos, a los cuales pueda imitar.

Al imitarlo, estudia el personaje y comprende de este modo quién es él realmente, porque sus datos internos se le han de revelar en relación al personaje que represente. Esa distancia, esa diferencia entre lo que soy y lo que quiero ser, ayudará a la persona a conocerse a sí misma más profundamente y eso es lo importante; entonces podrá expresarse, mostrar sus cualidades interiores, sus habilidades, y el mundo se transformará en integral, porque cada persona tendrá la oportunidad de manifestarse.

¿Quién está calificado para ser instructor en este método?

Es necesario formar instructores para la nueva sociedad integral. Estos serán elegidos entre todos los alumnos sin excepción, incluso entre los más flojos. La persona no tiene derecho de ser un estudiante pasivo y aprender sólo para sí mismo, sino que tiene que estudiar para enseñar a los demás, tiene que sentir que en la medida en que adquiera una nueva forma de interrelación con las personas, él mismo se convertirá en parte activa de esa relación y deberá transmitirlo a los demás. Es decir, los alumnos que ya están estudiando desde hace seis meses, un año, deben enseñar a grupos que recién comienzan; obviamente que en un principio lo harán junto a sus maestros y tratarán sólo temas determinados de forma limitada, pero será imperioso que enseñen. De este modo, desarrollarán sus habilidades y así también los demás aprenderán de ellos. Nosotros no ocultamos el hecho de que convertimos a los estudiantes en maestros, que entran inmediatamente dentro un marco de enseñanza apropiado. En principio, esto los obliga a estudiar el material con mucho cuidado y a comprenderlo mejor. Y en segundo lugar, esto desarrollará una mejor relación entre el alumno y los demás. La parte más importante del estudio es justamente la parte práctica.

Llegar a un acuerdo - por encima de todas las oposiciones

¿Es necesario determinar de antemano el plan de estudio cuando planificamos los cursos de la Sabiduría de la Conexión? ¿Deben los temas responder a un curso en particular?

No, en el proceso de los debates se debe jugar con diversidad de temas de estudio. La mayoría de los debates serán en forma de "tribunal" con un jurado, jueces, abogados, testigos, demandantes y demandados. En realidad, ese conjunto de personajes se adapta a cualquier situación, incluso en nuestra vida cotidiana, entre la pareja o entre nosotros y los vecinos. Siempre surgen situaciones en las cuales cada uno toma una posición determinada. Dos partes se enfrentan, una contra la otra, un grupo por un lado y otro grupo por el otro, un juez independiente, sus asistentes, etc. En estos debates, participan también los instructores, que ayudan a abordar correctamente el problema y tratan de ser lo más objetivos posible.

De hecho, los debates deben concluir de manera tal, que al finalizar el esclarecimiento de las diferentes situaciones de la vida, se consiga una integración máxima, como así también, una revelación total de todas las controversias. Debemos comprender, que los seres humanos somos diferentes unos a otros y cada uno puede mantener sus propias creencias, pero al elevarse por encima de éstas, debe coincidir con los demás; y precisamente ese acuerdo general, es el resultado del juicio, y no la sanción que optamos por imponer sobre la persona.

El juicio continúa hasta que todos los participantes, sin excepción, incluido el juez imparcial, llegan a un común acuerdo, aún a sabiendas, que probablemente en su interior, piensen lo contrario. Todos estos discernimientos se van aclarando durante el juicio, pero el acuerdo está por encima de todas las contradicciones y contrastes.

El lenguaje de la naturaleza

En el método de la Sabiduría de la Conexión no sancionamos a nadie, sino que nos conectamos con el individuo y hablamos con la "persona" que hay en él, es decir, hacemos hincapié en la separación que existe entre el hombre y su ego.

Yo diría, que es necesario enfatizar esta separación de manera más aguda aún. Por ejemplo, nosotros aún seguimos jugando con un niño, ya que debemos cuidarlo porque todavía no está desarrollado lo suficiente y no es capaz de verse a sí mismo de costado. Por el momento, él sólo siente su propio "yo" y nada más, no advierte a los demás. A una determinada edad ya logra distinguir entre el "yo interior" y el "yo exterior", a las "otras personas" y las "relaciones existentes entre nosotros". Hay una especie de saltos en la evolución, ciertas etapas de transición, entre los dos y tres años, cinco a seis, nueve a doce y así sucesivamente. La persona atraviesa procesos acumulativos y luego, en el próximo escalón, su percepción del mundo cambia y comienza a ver y a observar al mundo de manera un poco diferente.

En los adultos, el cambio de la visión del mundo se produce en su medida de adaptación a la percepción del nuevo sistema; el grado de cambio depende del conocimiento integral adquirido, de la comprensión de que todo el entorno se encuentra en una relación de reciprocidad, de su asimilación dentro de ese sistema, dentro de ese grupo. La persona debe llegar gradualmente a sentir que ella y los demás son un todo único, como un grupo del cual no se puede escapar. Es decir, digamos que te encuentras en una pequeña barca navegando en un mar tempestuoso, y tu seguridad depende sólo de la cooperación entre todos. Si se enojan, también el mar se enojará y si están calmos, el mar también lo estará. Resulta que esa es la manera que tiene la naturaleza de jugar con nosotros. Cuando desea promovernos hacia el siguiente estado, levanta una tormenta, y nosotros, sin tener opción alguna, cambiamos gradualmente, de lo contrario no podríamos sobrevivir. Debemos aprender el lenguaje de la naturaleza, comenzar a sentirlo, hablar con ella, es decir, verla. Y de este modo, realmente podremos controlarla.

Cuando logremos controlar nuestra relación integral, veremos cómo actuamos sobre la naturaleza. El número de tormentas, terremotos, tsunamis, diferentes condiciones climáticas, las revueltas o revoluciones, todo lo que puede acontecer entre nosotros y en nuestra vida privada, todo tendrá una relación directa e inmediata con la calidad de nuestras relaciones. Lo más importante es que el individuo encuentre y sienta esa cooperación, y entonces, comenzará a ver cómo habla con la naturaleza e influye sobre ella.

Hoy ya logramos comprender que hay una mutua relación entre el hombre y la naturaleza, porque existen numerosas teorías, e incluso pruebas empíricas respecto a la influencia de la naturaleza sobre el hombre y del hombre sobre la naturaleza, aunque todavía no comprendamos por completo esa relación.

En el sistema educativo integral deberán formarse grupos de personas que realmente sientan cómo la naturaleza responde a un comportamiento más o menos correcto.

Grados de introspección

Ese mutuo coqueteo con la naturaleza, "tú, para mí- yo, para ti", cuando el "tú" en relación con la naturaleza es "nosotros", eleva al individuo al próximo nivel de percepción del mundo. Él comienza a sentir las fuerzas interiores de la naturaleza, el motor que impulsa la evolución, hacia dónde nos dirige y qué pretende la naturaleza de nosotros. Él comienza a sentir dónde se halla realmente.

De pronto, descubrimos cosas en nuestro interior, sobre las cuales nunca habíamos pensado y no nos referimos a revelar habilidades especiales, sino que este es realmente un nivel de introspección. La persona comienza a descubrir la esencia de la naturaleza y empieza a comprender que nada fue creado banalmente y nada se desarrolla porque sí, sino que lo hace de acuerdo a un plan determinado, un plan muy preciso. Y nos desarrollamos de acuerdo a él y podemos participar activamente en él.

Ese descubrimiento nos eleva hacia el próximo nivel, donde nosotros ya no somos partes ciegas e indefensas en la naturaleza que llevan a cabo sus impulsos internos, sino que nos convertimos en seres inteligentes que todo lo pueden. Mediante una cooperación recíproca, una mayor o menor conexión entre nosotros, podremos influir sobre la naturaleza de diferentes formas y, en realidad, seremos omnipotentes. Gracias a una cooperación mayor entre nosotros, no habrá restricciones y podremos elevarnos por encima de la velocidad de la luz, podremos salir del marco de las leyes de la naturaleza que nos rigen actualmente y elevarnos a su mismo nivel.

Sentir una vida diferente

Yo puedo imaginarme perfectamente cómo las personas estudian de acuerdo al programa de la Sabiduría de la Conexión durante 3 a 5 años ¿Existe acaso alguna limitación de tiempo para el aprendizaje, o éste continúa durante toda la vida?

Hasta que toda la humanidad no logre alcanzar un nivel máximo de cooperación con la naturaleza, hasta que todos no estemos conectados interna e instintivamente con la naturaleza y comencemos a trabajar en concordancia con ella, no veo ninguna posibilidad de abandonar o detenernos. De todos modos, la naturaleza inmediatamente nos obligará a llegar a un equilibrio con ella por medio de diversos golpes. ¿Y qué ocurrirá después de que logremos ese estado? No lo sé, pero de todas maneras, cuando observamos actualmente esa tendencia evolutiva, la forma en que la naturaleza se comporta con nosotros, podemos decir que indefectiblemente, la naturaleza nos conducirá hacia un estado de completa armonía.

Es decir, que en este método existe un objetivo superior al cual llegaremos al final.

Con este método la persona conseguirá una profunda información sobre su existencia, la cual se encuentra supuestamente fuera de su cuerpo. Nosotros existimos durante un determinado tiempo dentro de nuestro cuerpo, en cambio la información, su ciclo y sus diferentes maneras de revelación, son eternos. Ahora, la información se nos revela a través del cuerpo y se nos puede revelar de formas diferentes. En realidad, el nivel al que queremos llegar nos parece fantasioso.

Podríamos pensar que estamos hablando de un tipo de vida después de la muerte, pero en realidad, estamos yendo hacia niveles que muchas personas en nuestro mundo, como Wolf Messing[1] y otros ya logran percibir.

Yo pienso que todas las personas del mundo pueden alcanzar esto, es decir, el individuo asciende por encima de lo arbitrario, por encima de su destino.

El amor vence todo

Dentro de la dinámica de grupo, durante la cooperación entre las personas, además de la atmósfera positiva, aparecen también el estrés emocional, el odio, el enfrentamiento recíproco, etc.

Yo pienso que esos sentimientos se revelarán cada vez más, porque para llegar a un acuerdo, a una armonía con la naturaleza y también entre nosotros, en la medida en que penetremos en las capas más internas de nuestra relación recíproca con la naturaleza, necesitaremos de un ego cada vez mayor. Trascendiendo al ego y conectándonos por encima de esa gran resistencia, lograremos conseguir una mayor tensión, mayor energía, una mayor revelación de las partes interiores de la naturaleza.

En nuestra cooperación, el ego juega el rol de la resistencia que se halla entre nosotros, y cuanto más grande es, se revela mayor

---

1 *Wolf Grigorevich Messing (1.9.1899-8.11.1974) está considerado por sus seguidores como el telépata más grande de todos los tiempos, especializado en la lectura de pensamientos, famoso por su capacidad de leer pensamientos, pronosticar el futuro e hipnotizar. Trabajó bajo el servicio del ejército soviético.*

energía. Por lo tanto, el descubrimiento del ego debe ir creciendo cada vez más y la resistencia debe ser más mayor y más clara.

Cuando nos elevemos por encima del ego y la resistencia, penetraremos en mayores profundidades de la naturaleza. El ego es el instrumento mediante el cual sentiremos la profundidad de la naturaleza, es decir, la sentiremos gracias a la aparición del odio, de los conflictos, nuestra falta de comprensión mutua, que nos desgarra en todos los niveles y por diferentes causas.

Si nos conectamos a pesar de todo, entonces, esa conexión por encima de la resistencia se transformará en una vasija receptora, que con su ayuda lograremos estar en armonía con la naturaleza, es decir, nuestra armonía se formará al estar unidos integralmente con la naturaleza. La profundidad de la unión con la naturaleza, la profundidad de la penetración en ella, dependerá de la intensidad de la resistencia que hayamos superado.

La verdad que está dentro de nuestra conexión

¿Cuando nace el odio entre dos personas, deben éstas esclarecer entre ellas el motivo que lo produjo, o debe aclararse en el contexto del grupo?

Es más fácil aclarar los motivos entre las personas involucradas. En el grupo existen factores diferentes que nos obligan a comportarnos de una determinada manera y no de otra. En general, conviene que las cosas se aclaren entre ustedes o en presencia de aquellos con los cuales puedan hablar abiertamente. El objetivo no es demostrar quién tiene razón, la razón no la puede tener ninguno de los dos, la verdad se halla en la conexión entre las dos personas, por lo tanto, lo importante es aclarar las diferencias y elevarse por encima de cada una de ellas. Debemos integrarnos unos con los otros de manera tal, que los atributos negativos que les fueron dados a cada uno, los percibamos como positivos.

Es como te ocurre con tu hijo, tú amas todo lo que hay en él, porque el amor supera todo lo negativo. En realidad, yo no veo nada malo en mi hijo, e incluso si lo veo, enseguida trato de suavizar el defecto, lo endulzo, lo perdono, etc. Sin embargo, con el hijo del vecino pasa lo contrario, no sólo que destaco sus más pequeñas cualidades negativas, sino que las exagero o las invento, sólo porque es un extraño para mí.

Debemos comprender que cuando nos conectamos, cada uno tiene que llegar al punto en que se refiere a todo lo negativo de los demás como algo positivo.

La singularidad de la realidad integral

En la psicología conductual existe un triángulo de "entendimiento mutuo". Estos son sus tres vértices: contacto, simpatía y realidad común. El contacto existe en los círculos de debate, la simpatía nace de la mutua participación, ¿qué es la realidad común?; ¿es ésta la integralidad?

No tenemos que vivir dentro de nosotros, sino fuera de nosotros, en esa realidad compartida que hemos creado, porque justamente esa es la realidad objetiva. Todo lo que existe en el mundo es subjetivo, es decir, ficticio. Yo me miento a mí mismo que me formo a mí mismo por mis propios medios. Ese es un mundo completamente irreal, que me lo he inventado.

A veces, al hablar con alguien, me sorprendo al descubrir la manera diferente que tenemos de ver el mundo; yo hablo de una cosa, y el otro percibe una imagen diferente y habla de algo completamente distinto. Y él es tan sincero como yo, porque cada uno de nosotros se manifiesta a través de sus sensaciones personales. Nosotros debemos elevarnos por encima de nuestros sentimientos particulares, hacia un deseo común, una mente común, un corazón e intelecto comunes, y observar al mundo desde esa imagen compartida de lo "humano", que representa el conjunto de todos nosotros. Entonces, lo veremos todo de manera diferente, y no individualmente, que es una forma distorsionada por nuestras características internas iniciales.

Cuantas más personas se incorporen a ese sistema común del "humano", hará que la imagen del mundo, del universo, de nosotros mismos, la veamos de un modo totalmente diferente. Será muy distinta de la que tenemos en la actualidad, ya que nuestra imagen del mundo depende de nuestra percepción subjetiva. Los psicólogos conocen muy bien este fenómeno; simplemente, se debe demostrar que si se toman las características y los deseos internos del individuo y se los compara con esa imagen del humano colectivo que se ha formado entre ustedes -como un solo bloque- entonces, desde dentro de ella, comenzarás a ver un mundo completamente diferente.

Tú te elevas por encima de ti mismo y te alejas de tu cuerpo y de tus cualidades internas, hasta tal punto, que incluso tu cuerpo no tiene para ti demasiada importancia. Probablemente comiences a tratarlo como algo ajeno, como a un "animal" que existe a tu lado. Cuando entras dentro de la imagen de lo "humano" conjunto, ves que tu cuerpo existe en el nivel animal, y es la figura del hombre general la que pertenece al nivel humano.

Conectándonos como una familia

Cada persona tiene un mundo interno y existe el mundo más externo, que incluye la familia y los seres más cercanos. Una persona que se encuentra dentro del sistema integral, ¿ve a todos como sus familiares?

Todos los seres humanos se tornan igualmente cercanos, y así borramos los límites entre las personas. Las relaciones de proximidad entre padres e hijos siguen siendo muy estrechas, pero éstas también se revelan ya de manera diferente. Esto lo vemos claramente a partir de la experiencia práctica.

En el mundo actual también las relaciones naturales se destruyen, éstas ya no son tan estrechas como lo eran antes. Los padres entregan a sus hijos para que otras familias los eduquen, renuncian a ellos. Los hijos abandonan a sus padres desde temprana edad y no sienten un vínculo especial por ellos, la relación entre las generaciones se ha quebrantado. La misma naturaleza nos empuja desde adentro hacia esa situación, para que tratemos a todos de la misma manera. Ciertamente, nuestra educación eleva al hombre por encima de la relación animal.

Cuando utilizo el término "bestia" o "animal", me refiero a la relación física, porque originalmente pertenecemos al nivel "animal", en cambio el nivel de "humano" es un nivel colectivo, general, en el cual nos conectamos en un solo deseo y trascendemos conjuntamente por encima de nuestras características originales.

Tiempo libre

Muchas familias dedican su tiempo libre a realizar compras en conjunto. Y entonces, ¿qué harán esas personas cuando tengan demasiado tiempo libre?

La situación será muy diferente a la de hoy. En la actualidad, las personas trabajan entre 5-6 días por semana, están tan ocupadas que no les queda tiempo para pasar con sus familias. Aprovechan los días libres para realizar diferentes actividades en el hogar, y por supuesto, para ir de compras. ¿Cómo más podría pasar su tiempo si no es yendo a los centros comerciales y a las tiendas? Este es el descanso del hombre moderno, en vez de visitar diferentes tipos de centros culturales.

Sin embargo, todo este comportamiento desaparecerá, la experiencia nos lo demuestra. Éste será reemplazado por ocupaciones completamente diferentes. Los estados interiores de la persona vencerán, porque serán los que determinarán sus ocupaciones exteriores. Nosotros vemos como en los grupos de la Sabiduría de la Conexión la gente tiende a comunicarse entre sí mediante la lectura conjunta, el debate, los juegos, la música, el teatro, es decir, los grupos que se forman en diferentes lugares, comienzan a crear un gran entorno cultural y vemos que esto ocurre de manera espontánea. Esto proviene de las necesidades interiores de las personas.

La gente se ocupará principalmente de cumplir su deseo de expresarse por todo medio posible, con todas las formas de expresión humana, para mostrar, a través de ellas, su nueva armonía interior, la relación entre ellos. Si la persona se eleva por encima de sí misma, el cambio que experimentará se reflejará en las diferentes formas de esta nueva cultura del ocio.

Esto lo podemos ver incluso en los niños pequeños cuando, por ejemplo, tocan una guitarra de juguete con el deseo de expresarse. La guitarra, quizás los atraiga porque desean imitar a los adultos, pero también quieren expresarse y es por eso, que se esfuerzan tanto en conseguirlo.

Sabiduría de la conexión para la pareja
¿Puede la pareja estudiar junta el curso de la Sabiduría de la Conexión?

En primer lugar es necesario preparar a la pareja fuera del contexto de su relación habitual, para que esto no los obstaculice. Para adquirir hábitos integrales, cada uno de ellos estudiará -en un principio- en grupos separados. El hombre aprenderá a ser un hombre adulto, y la mujer - una mujer adulta. Ellos deberán adquirir la Sabiduría de la Conexión, entender el sistema de correlación, las relaciones sociales, los vínculos familiares y con los niños, tanto teórica como prácticamente, por medio del juego compartido con otras personas. En el proceso de la adquisición de la Sabiduría de la Conexión, hay que tratar a los adultos como a "niños" y permitirles no guiarse por sus hábitos.

Después de adquirir ya cierta experiencia, negativa o positiva, aquellos que hasta el momento estudiaron por separado, podrán pasar al verdadero estudio práctico, es decir, con sus propias parejas. No es tan fácil elevarse por encima de la experiencia que han acumulado, ya que las parejas están acostumbradas a ciertos patrones de comportamiento recíproco, o a una reacción fija como respuesta a una determinada acción por parte del otro.

Deberemos aprender a trascender gradualmente por sobre todos estos patrones; por eso, primero es necesario desconectar a la persona de su estado anterior, brindarle un nuevo sistema de relaciones mutuas, y luego hacerlo entrar en él paulatinamente.

En este proceso no se desconecta a la persona de su familia. El proceso se produce mientras que la pareja continúa funcionando normalmente dentro del marco familiar, como marido y mujer y también de forma paralela, cada uno debe elevarse por encima de sí mismo, sin tocar sus relaciones recíprocas personales.

Hombres y mujeres según la naturaleza

¿Qué significa que el hombre se convierte en un hombre "adulto" durante el período de preparación? ¿De qué manera se manifiesta en él esa transformación?

Tanto los hombres como las mujeres carecen de una comprensión psicológica, les falta la técnica para tomar decisiones en la sociedad integral, el ascenso por encima de ellos mismos, el autocontrol. No se trata de ese autocontrol en donde te reprimes a ti mismo, sino que te arrimas a los demás para conseguir la unión, para lograr un objetivo superior, después de conectarte al mismo.

Este es un estudio práctico y muy serio que continúa durante un tiempo prolongado. El estudio teórico es simple, aunque casi toda la teoría viene con la práctica.

Mi filosofía del "yo"

En la sociedad integral hacemos hincapié en que la persona renuncia a su opinión por la idea general. ¿Qué significa esto?

Se podría decir que este es un sistema filosófico completo. El individuo debe comprender que no es él quien se creó a sí mismo, sino que nació como nació porque así lo ha creado la naturaleza. Parte de sus características las heredó de sus padres, otras las recibió del entorno durante el proceso de crecimiento y algunas otras, no se sabe en absoluto de dónde, ni porqué ni cómo.

Todo lo que tiene no es de él, sino que lo ha recibido por medio de los genes que fueron evolucionando a través de innumerables generaciones. Los que participan concretamente en la formación del hombre son los genes y las células madre de los padres. Se dice, "El hombre, la mujer y entre ellos la divinidad";[2] estas tres partes participan en el proceso. Luego, el individuo va evolucionando bajo la influencia de la sociedad que lo rodea, que lo obliga a actuar de acuerdo a sus valores. Es decir, el hombre no posee nada propio. Y, ¿dónde está mi "yo"? No está para nada claro qué es y de dónde apareció dentro de mí.

Si observamos a un niño pequeño, simplemente se ve como un autómata, un animalito que de pronto comienza a descubrir gradualmente en su interior a su propio "yo", algo independiente, estructural, con personalidad y, ¿qué es exactamente? Nosotros no lo sabemos.

Cuando la persona separa su "yo" de las características recibidas del entorno, de la educación, de sus padres, etc., comienza a percibir

---

2   *Talmud de Babilonia.*

que realmente no es un problema desconectarse de ellas. Lo más importante es mi propio "yo". Si pienso solamente en cómo elevarlo e implementarlo, entonces, no me importarán todas esas características y cualidades que hay en mí. Es decir, éstas no me pertenecen. Si la persona se ubica correctamente, logra comprender que no es tan complicado elevarse por sobre esas características. Es necesario conectar ese "yo" de cada uno de nosotros con los demás y abandonar el resto de las cualidades, porque éstas, en definitiva, son parámetros suplementarios completamente incidentales.

¿Es el objetivo del curso de la Sabiduría de la Conexión desarrollar mi "yo"?

De toda esa capa superficial, debemos despegar la cáscara y desarrollar ese grano, esa célula madre primaria de cada uno de nosotros. Podremos desarrollarla solamente si unimos todas esas células madres entre sí. Cuando las unamos en un solo cuerpo, en un sistema completo, entonces, será realmente uniforme y perfecto, como la naturaleza misma.

Capítulo 3
Reconstruyendo nuestras relaciones

Principios del capítulo:
- La evolución como desarrollo del egoísmo.
- Teoría de la existencia.
- Nuestro propósito: lograr la armonía con la naturaleza.
- El cambio de perspectiva como resultado de los cursos.
- Nuestro trabajo es personal e interior.
- La unidad familiar es la base de la sociedad integral.
- ¿Qué son una economía y consumo correctos?

Abrir los ojos a la humanidad
El método de la Sabiduría de la Conexión, está formado por una parte teórica y otra práctica. ¿Qué debe incluir ese paquete de información que toda persona en el mundo tiene que saber?

El curso principal es un curso de psicología, sin embargo, el curso básico está dedicado a la evolución de la humanidad y de la naturaleza en general.

El curso explica primeramente la evolución del universo desde el Big Bang, o desde un punto diferente, que a partir de él y en adelante, observamos a la evolución. Mientras tanto, aún desconocemos qué fue lo que ocurrió antes de ese punto.

Dentro del marco del desarrollo evolutivo, la materia se fue haciendo cada vez más y más compleja. De las partículas elementales, comenzaron a construirse "ladrillos" y de estos "ladrillos", comenzaron a construirse "edificios", gases, planetas, estrellas y otros objetos que se fueron creando gradualmente a partir de esos gases. Luego, se creó nuestro planeta y su especial sistema solar. Aún no hemos descubierto ni hemos encontrado nada igual en todo el universo, a pesar de que estamos descubriendo constantemente nuevos planetas. Eso prueba que la vida, tal como la vemos hoy en día, es algo realmente especial. Tenemos que descifrar cuál es esa impresionante particularidad del universo que contiene una enorme cantidad de fuerzas, un plan de desarrollo y un pensamiento determinado. Ese pensamiento, de pronto comienza a desarrollarse, no sólo en los objetos del material inanimado, sino también en la naturaleza vegetal, animal, y humana. La transformación de la materia inanimada en vegetal, la vegetal en animal y así sucesivamente, es un fenómeno sorprendente e incomprensible.

El hombre es un fenómeno aún menos comprensible, ¿en qué se diferencia el hombre del animal? ¿Dónde yace la diferencia entre ellos, y qué tiene el hombre de especial? Podemos ciertamente atribuir al hombre muchas cosas, sin embargo, aún no hemos hallado la definición exacta y fundamental de la diferencia entre el hombre y el animal.

Es necesario explicar a todos los habitantes del planeta el concepto de la vida. Explicarles cómo se desarrolla la materia, cómo se va volviendo más sofisticada, cómo va pasando por diferentes etapas bien definidas en su desarrollo, y especificar que todo el universo en su conjunto atraviesa por esas mismas etapas, con todas las maravillosas vicisitudes y cambios.

Después, y esto es lo más importante, pasamos al estudio de la sociedad humana. ¿Cómo se desarrolla la sociedad humana bajo los efectos del egoísmo que aparece y va creciendo, y qué es el egoísmo? Existe un egoísmo natural, necesario para conservar la existencia de la especie, y otro tipo de egoísmo, en el que uno ya se compara con los demás, es decir, en todos los grados de la evolución, el egoísmo nos obliga a desarrollarnos. ¿Por qué evoluciona de su nivel inanimado al nivel vegetal y luego, al nivel animal y humano?

Después de haber evolucionado durante miles de años, comienza ya a desarrollarse la esencia interior del hombre. Ésta también se desarrolla en esas cuatro etapas o niveles. Los deseos egoístas que nos impulsan hacia adelante se desarrollan desde su forma inanimada, a las vegetal, animal y humana. Y en la actualidad, llegamos a un desarrollo altamente turbulento y abrupto de la humanidad; esto lo podemos apreciar viendo lo rápido que avanzamos en el siglo XX.

Hay que explicar a todo el mundo toda la historia, tomando como eje el desarrollo egoísta del individuo. Justamente el egoísmo que se va desarrollando, nos obliga constantemente a cambiar, a desarrollar la tecnología, la industria, las relaciones sociales, la estructura social, a cambiar los fundamentos de la familia, la cultura. Todos estos cambios son dictados por nuestro ego. La esencia del egoísmo, su particularidad, se manifiesta tanto en la persona como en grupos de personas, que van creando gradualmente naciones y civilizaciones.

La historia de la humanidad es muy interesante. ¿Por qué se

producen todo tipo de acontecimientos dramáticos, avances tecnológicos y revoluciones? Si observamos todos esos sucesos desde el punto de vista de las diversas formas del ego en crecimiento, la historia comienza a tener una explicación seria. De repente, uno empieza a ver la fuente de su existencia, y comienza a percibirse a sí mismo de manera diferente, como parte del desarrollo evolutivo.

¿Hacia dónde evolucionamos?

Hoy ya podemos dar una respuesta a esa pregunta, porque a mediados del siglo XX, el ego detuvo su desarrollo y comenzó el período de la crisis mundial, no me refiero a la crisis económica de la cual somos testigos en este último tiempo, sino a la crisis interna, la depresión interna, cuando la gente comienza a preguntarse cada vez más acerca del significado de su existencia; lo que antes era considerado como una cuestión filosófica, se convirtió en una cuestión que atañe también al hombre común que se hace esa pregunta inconscientemente. Él no siente la pregunta en sí, pero sí siente el vacío, la depresión, y por lo tanto, las personas recurren a las drogas, el terror, la disolución de la familia, etc.

Debemos demostrar cómo se desarrolla el ego. En un principio lo hace en forma lineal, luego en una curva pronunciada y entonces, alcanza su saturación final, como ocurre en la actualidad, que se convierte en integral.

Aquí nos encontramos con una nueva imagen que nos resulta incomprensible. Nosotros nos sentimos conectados de una forma integral. Todos los pensamientos, todos los deseos de todas las personas afectan a todos, así como ocurre con el efecto mariposa. En consecuencia, de manera natural, se desarrolla el Internet, la conexión entre todos, la comunicación mundial, etc. El ego nos incita a desarrollar justamente estas tecnologías que nos relacionan, pero en realidad, no evolucionamos internamente.

Esto se debe a que ese egoísmo no tiene relación con nuestra conexión interna, es decir, él nos conecta, pero sólo en un nivel natural; y donde realmente deberíamos conectarnos mutuamente, esforzándonos en ello, ya no funciona. Nos queda claro que aquí necesitamos agregar nuestra participación.

Finalmente, después que estudiamos y comprendimos toda la imagen, podemos observar que la naturaleza nos deja, supuestamente, un espacio que no está ocupado por nuestra mutua conexión interna; y si no lo llenamos, nos asemejamos a un enorme mecanismo integral, a un sistema analógico donde todo está conectado con todo, pero que le falta su parte principal, esa participación consciente de nuestra parte, en la conexión de todas las piezas del sistema, es decir, el "cerebro" del sistema está desconectado. En la actualidad, esa desconexión se está sintiendo cada vez más.

En lugar de accionar esa parte, es decir, conectarse, crear entre nosotros ese "cerebro", el deseo y los pensamientos compartidos, nosotros tratamos de solucionar nuestros actuales problemas integrales mediante métodos lineales egoístas que utilizamos en el pasado. Es decir, jugamos con el separatismo, dentro de un campo de interacción integral. Como esos dos sistemas no son compatibles, en el último tiempo nuestra toma de decisiones y su concreción nos lleva al colapso, a la quiebra, a la disolución y al quebrantamiento general.

La humanidad comienza a darse cuenta de que nada prospera en la actualidad y busca la razón de esa falta de éxito, y a causa de su ego, apenas está dispuesta a escuchar las explicaciones.

La primera misión consiste en explicar la razón del fracaso de manera gradual, basarse en datos científicos y en las opiniones de científicos reconocidos. Debemos exponer a la persona el sistema de la creación, su desplazamiento y nuestro lugar dentro de él. Debemos mostrarle a la gente ese trabajo, la parte que nosotros mismos debemos aportar y completar en ese sistema, conscientemente, mediante nuestra participación activa. Tenemos que mostrarles cómo completar el sistema, y llevarlo a un estado de moderación y armonía. Ese es el curso básico.

Comienzo de la revelación

¿Por qué debería el individuo tomar el curso sobre el desarrollo del egoísmo?

Este curso le permitirá no sólo conocer el principio, sino también el final de toda esta cadena, él se sentirá parte de ella y verá cuál es la razón de toda esta evolución. A partir de aquí, podrá tomar las decisiones correctas para todas sus situaciones personales.

Supongamos que yo sé cómo se formaron los planetas ¿De qué manera este conocimiento se relaciona con mi vida?

Es parte de la perspectiva general sobre el mundo, que eleva ligeramente al individuo por encima de su parte animal. Cuando uno observa varios millones de años atrás, y varias decenas o tal vez cientos de años adelante, comienza a ver la línea de tiempo casi infinita en la cual se encuentra actualmente como un elemento pequeño, débil y sumiso. Y de aquí, ya surge la pregunta "¿Quién soy?".

Cuando vea su posición casi nula en el eje del tiempo, entonces será posible comenzar a elevarlo por encima de ese estado hacia una nueva situación, en la cual se sienta que se encuentra por encima de esa nada y pueda dirigir el eje de su vida. Él sentirá que en realidad se encuentra en un nivel más elevado y que es capaz de salir de los límites del tiempo, del lugar, de la historia. Este es el comienzo de esa revelación que ha de aparecer en la persona.

Los deseos que no escojo

¿Cuán detallado y completo debe ser el curso básico sobre "La evolución como desarrollo del egoísmo"?

Lo más detallado posible, ya que de se derivan todos los demás cursos que son basados en el desarrollo del curso principal.

El siguiente es el curso de libre albedrío. ¿Acaso, existe realmente la libertad de elección? y ¿Cuál es? Este es un curso más completo, que incluye numerosos temas. En él, no sólo esclarecemos si existe la libertad de elección, de qué manera se manifiesta y cómo se la lleva a la práctica, sino en qué partes de la naturaleza existe exactamente. ¿Tiene acaso el hombre libre albedrío? ¿En qué etapa del desarrollo? ¿Cómo se puede distinguir entre la libertad de elección y la falta de la misma? Y así sucesivamente. Después de todo, nosotros no sabemos el origen de nuestros deseos, nos parece que son nuestros, pero en realidad, alguien nos lo ha insertado. ¿De dónde? ¿Por qué? Los deseos se despiertan por la influencia del entorno. Estoy viendo televisión, y de repente, empiezo a desear lo que veo y ese deseo es captado por mi inconsciente como un deseo propio. Al día siguiente, yo ya estoy dispuesto a adquirir lo que vi el día anterior en la televisión y pienso que estoy concretando una elección propia. Todos entendemos que esa es la manera en que nos compran y nos venden.

Debemos explicar la cuestión de la influencia del entorno, porque ésta está relacionada con la toma de decisiones y con el reconocimiento de lo que es mi libre elección. ¿Puedo liberarme de las diversas ideas y valores que se me imponen, que en realidad, no son ni valores ni ideas, sino simplemente una transacción comercial?

Cualquier tema que se desarrolla y se enseña, le ofrece a la persona un amplio campo de acción. Y por lo tanto, el pasaje de información debe ser amplio, tiene que incluir muchos ejemplos y debates. A veces, cuando se le presenta a la persona el material de forma frontal y directa, no lo capta, es más fácil comprender de qué se trata mediante explicaciones, juegos, o situaciones en las cuales se pueda experimentar.

Libre albedrío forzado
¿En que se manifiesta la libertad de elección?

En este mundo, el individuo no tiene libertad de elección. Uno llega al mundo ya en un estado de integridad y bajo la influencia del entorno desarrolla los datos con los que nació y los cuales no eligió. Uno no eligió sus cualidades internas, ni los factores externos que le influyen, por lo tanto, no tiene ninguna libertad. La libertad existe sólo en la elección de un entorno determinado, que nos modele de acuerdo a cómo queremos ser. Yo elijo el entorno de acuerdo al tipo de persona que deseo ser.

Aquí también uno se puede preguntar ¿De acuerdo a qué pienso yo, es este justamente el entorno adecuado para mí y no otro cualquiera? La persona debe atravesar muchos esclarecimientos interiores hasta que "madure" y entienda qué necesita. En realidad, comprender dónde se encuentra mi libre albedrío es emocional, está en el corazón. No es fácil llegar a este punto, pero es necesario llevar a todo el mundo hacia esa comprensión.

La teoría de la conexión interna entre las personas
¿Qué temas trata el curso "La evolución como desarrollo del egoísmo"?

El curso incluye básicamente todo: cultura, comunicación interpersonal, familia, pueblos, civilizaciones y la historia de la humanidad, de la cual se puede extraer mucho conocimiento sobre nuestras vidas y futuras situaciones. El conocimiento de lo ocurrido en el pasado nos ayuda a entender mejor lo que sucede hoy en día y también puede afectar al futuro. Debemos conocer la historia, como base para el desarrollo de nuestro ego, esto nos ayuda a comprender la manera en que nos desarrollamos.

Excepto los cursos de "La evolución como desarrollo del ego" y de " Libre albedrío", el resto de los cursos tienen un carácter psicológico. El primero de estos cursos psicológicos es el de la percepción de la realidad, es decir, la ontología o teoría del ser. El curso nos aclara la manera en que captamos el mundo que nos rodea mediante los cinco sentidos, la manera en que este mundo se refleja a través de nuestros sentidos, cómo nuestra percepción es el resultado de nuestras características y de nuestros estados internos. Esclarecemos si nuestra percepción es objetiva y cómo podemos influir en ella. Si podemos requerir de nosotros mismos parámetros internos para poder percibir este mundo desde ángulos diferentes, desde diferentes puntos de vista y supuestamente pasar del uno al otro. Por ejemplo, uno ve el mundo desde una perspectiva determinada, y el otro, desde otra, y nosotros, supuestamente, intercambiamos nuestros puntos de vista.

Cuando conversamos con alguien, queremos siempre que nuestro interlocutor nos entienda. Le preguntamos "¿Usted me entiende? ¿Entiende lo que le quiero decir? ¿Me he explicado bien?", es decir, que siempre nos preocupamos por tener una buena comunicación, pero por lo general ésta no existe, porque no somos capaces de ponernos en el lugar del otro y desde allí ver el mundo. Hasta que no podamos adquirir el método que nos permita percibir emocionalmente al otro, entender sus características y sus sentimientos, ver el mundo a través de sus ojos, hasta entonces, no podremos entendernos.

La mutua relación integral atañe a la educación de todos los habitantes del mundo, a su conexión interior, cuando uno puede cambiar al otro. Yo supuestamente entro dentro de ti y tú dentro de mí y entonces, comenzamos realmente a comprendernos mutuamente.

Podemos observar que existe tal conexión entre cada par de elementos en la naturaleza. Tengo dentro de mí una parte llamada "yo" y otra llamada "tú", y si queremos comprendernos, debemos complementarnos. Todas tus características y las mías, supuestamente deberán superponerse unas con otras; es decir, tú sientes mis caracteres y a través de ellos puedes imaginarte cómo es mi vida y mi mundo, y yo siento los tuyos, y sólo entonces podemos conectarnos completa y correctamente.

Lo mismo ocurre con la tecnología. Para que dos componentes se conecten, debe haber una equivalencia. Éstos pueden ser opuestos, uno cóncavo y el otro convexo; pero cuando los comparamos, ellos tienen que encajar uno dentro del otro con precisión, es decir, que tienen que estar construidos de antemano de tal manera que cada uno de ellos tenga la forma del otro. Esa es nuestra corrección, adaptarnos los unos a los otros.

Este tema, no es sólo una parte de un curso teórico, sino que también incluye conclusiones prácticas y el trabajo acerca del conocimiento del mundo, que sin ellos no hay comunicación.

Es imposible conocer el mundo sin la perspectiva interna de uno a través del otro. En realidad, integrándonos con las personas de todo el mundo, debemos lograr el estado en el cual todo el mundo pueda supuestamente asimilarse a todos los demás, sentir a todos, y a través de ellos percibir el mundo.

Cuando yo actúo junto a los demás, es como si me incluyera en ellos con mi deseo y mi tendencia y veo de repente un mundo completamente diferente, un mundo multidimensional, siete mil millones de veces mayor y sin embargo conectado, es decir, uno. Y al mismo tiempo, veo un mundo compuesto de muchas células, porque miro a través de cada uno. Aquí se forma una imagen maravillosa por el aumento de la intensidad de penetración en este mundo. Esta es una verdadera ontología, una auténtica teoría de la conciencia práctica.

Averiguaciones, averiguaciones, averiguaciones...
¿Es la percepción de la realidad un fenómeno social que se refiere

a la forma en que una persona percibe a otra, o incluye también la forma en que se percibe el mundo inanimado, vegetal y animal?

En primer lugar nos preocupamos por la sociedad, por nuestra relación. Por supuesto que también el resto de la naturaleza se une a este proceso. Nosotros nos agregamos automáticamente a los niveles inferiores. No hay ningún problema, con la condición de que nosotros, los seres humanos, logremos una conexión mutua correcta. También debemos comprender, que por mi dependencia del entorno, necesito saber cómo tengo que construirlo para mí. Ese es el siguiente curso, donde debatimos interrogantes tales como: ¿de qué manera construyo el entorno adecuado para mí, para que me forme de una manera determinada?, ¿en qué sociedad y bajo que influencia me tengo que encontrar para adquirir el siguiente estado deseado, mi forma deseada, y convertirme en la parte sana del sistema de cooperación integral?

Aquí yo debo pensar: "¿Qué me falta de todas maneras? ¿Cuál es exactamente mi naturaleza real? ¿De qué manera el entorno influye sobre mí? ¿Sobre cuál de mis características influye éste? ¿Es posible que yo tenga caracteres sobre los cuales la naturaleza no es capaz de influir y sobre otros influye de manera selectiva? ¿Quizás yo deba continuar desarrollándome bajo la influencia del entorno? ¿Cómo puedo controlar mi desarrollo?

Es decir, en este curso yo tengo que aprender quién soy y cuál es el entorno. Debo atravesar por muchos esclarecimientos, incluyendo los prácticos; y cuando este curso finalice, comienza el trabajo práctico: ¿Cómo, al cambiar el entorno, voy cambiando constantemente hacia la dirección deseada?

¿Cómo comprender el pensamiento japonés?

Las personas que habitan la tierra tienen sistemas de pensamiento diferentes. Por ejemplo, los europeos tienen lo que se llama "pensamiento vertical"[3] y los japoneses "pensamiento lateral". ¿En qué medida debo entrar dentro de esas dos percepciones? ¿Tengo que aprender a comprender a los japoneses, o es suficiente comprender a las personas que me rodean?

No tiene ninguna importancia, no pretendo ver el mundo a través de los ojos del japonés o el chino, del ucraniano o el africano, no me interesa. Lo que me interesa, principalmente es cómo cambiar de manera que todas las ideas, deseos y pensamientos de los demás, se absorban dentro de mí exactamente, como si fueran propios. Eso es todo. Y no importa cuáles sean.

Supongamos que me nace un hijo de una mujer japonesa. Veo que tiene un sistema especial de visión del mundo. ¿Debo presionarlo para que a la fuerza acepte mi sistema? Esto es imposible. La diferente captación del mundo es una consecuencia determinada del intercambio de funciones del cerebro. Es un sentimiento que se desarrolló y se convirtió en ese sistema, que hoy día no puede ser destruido.

---

3   *Según Edward de Bono (1993), existen dos tipos de pensamiento, el pensamiento vertical y el pensamiento lateral. "El pensamiento vertical crea ideas y el pensamiento lateral las desarrolla". Es decir, el pensamiento lateral está en el descubrimiento de pensamientos originales e innovadores, mientras que el pensamiento vertical basa la idea y la presenta ante los demás. Dr. Erika Landau explica en su libro: "El pensamiento creativo es una actividad bipolar entre la lógica y la imaginación". A pesar de que el pensamiento laterales uno de los principales componentes de la creatividad, el pensamiento creativo incluye también elementos de pensamiento vertical.*

El método de la Sabiduría de la Conexión está construido solamente sobre el auto-conocimiento, y de ninguna manera sobre la auto-represión o represión de los demás. Mediante la coerción nos aislamos completamente del avance evolutivo normal. La opresión nos impide adelantar hacia una armonía con la naturaleza. Ésta no acepta restricciones.

Nos parece que la naturaleza nos empuja, pero ella lo hace solamente para que nosotros, por nosotros mismos, demos el paso correcto, por elección libre. Y continuará empujándonos hasta que encontremos ese deseo acertado y demos el paso apropiado.

Pero la naturaleza no nos muestra exactamente cuál es ese paso que debemos dar. Por eso, debemos intentar desarrollar al niño por todos los medios, lo dice la propia Biblia: "Educa al joven según su camino", o sea, de acuerdo a sus inclinaciones y cualidades internas, que le fueron otorgadas por la naturaleza.

El hombre del gran mundo

Debido a que nuestra actitud hacia el mundo y hacia la vida han de cambiar completamente, todos los recursos del hombre, la mente y el corazón, los deseos y los pensamientos -fuera de lo más indispensable para la existencia del cuerpo físico- se dirigirán hacia el logro de la armonía con la naturaleza. Entonces entenderemos completamente el plan de la creación de la naturaleza, su fluir, su pensamiento supremo y, de acuerdo a esto, nos elevaremos a su mismo nivel, o sea, a un nivel que está más allá del nacimiento y de la muerte.

Sólo debemos imaginarnos de qué estamos hablando. Si consigo el plan de la naturaleza, llego a su nivel, desde el cual me observo a mi mismo como una parte pequeña y temporal. Pero entonces, yo ya estaré mirando desde otro nivel, porque estoy subiendo a una altura superior, como por encima de mí mismo. El individuo encuentra aquí respuestas precisas a preguntas relacionadas con el sentido de la vida y la existencia.

Es natural que esta revelación influya sobre la mentalidad del hombre, su comportamiento, sus relaciones culturales y sociales. Éste percibirá con otros ojos al mundo y a sí mismo. Comenzará a evaluar y esclarecer cosas, no desde una perspectiva temporaria y corrupta, que de acuerdo a ella "hoy estoy aquí y mañana no, entonces, que me importa si ya no existiré".

No podemos ni siquiera imaginarnos el enorme cambio que nos ocurrirá cuando comencemos a vernos existiendo en una línea infinita de tiempo y percibiendo a nuestro cuerpo como un animal que nos acompaña. Dentro de mí ya comienza a formarse una orientación psicológica que cambia esencialmente mi relación hacia los demás, hacia mí mismo, hacia el mundo. Es decir, comienzo a referirme a mí y a los demás desde una perspectiva de eternidad. Y esto me cambia por completo, me eleva y me transforma en un hombre serio, el hombre del gran mundo.

Cursos sobre "la experiencia en el hogar"

Cada curso del método de la Sabiduría de la Conexión incluye numerosos temas relacionados a nuestro proceso de cambio, como individuos y como partes integrales de la sociedad. De estos temas se derivan cursos prácticos más personales, cursos sobre la "experiencia en el hogar". Éstos se ocuparán del comportamiento que tenemos en la familia, en la pareja, con los hijos y con los padres, y de la educación y la administración del hogar. En el marco de estos cursos prácticos surgen, varias veces, preguntas de carácter ético, moral.

Estos cursos deben estar guiados por un psicólogo que presente ejemplos de nuestra vida: de lo que fue y lo que debe ser, de cómo crear un puente y pasar de nuestros estados anteriores a nuevas situaciones en la casa, en la pareja, en la administración del hogar y en la educación de los hijos.

Preguntas sobre la educación de los niños y la influencia que los padres tienen sobre ellos se discutirán por separado. Nuestra posición no es desarmar la familia, no ejercemos ninguna presión sobre los padres, no los alejamos de sus hijos, como se acostumbraba a hacerlo en el régimen soviético cuando los padres mandaban a sus hijos a colegios internos, o como en los kibutz (granjas comunitarias) en Israel, donde los niños eran educados estando separados de sus padres. Es cierto que tenían buenas intenciones, pero en la práctica se transformó en una forma de coerción sobre el individuo. Algo así no debe suceder.

Nosotros, bajo ningún concepto deshacemos la familia, simplemente enseñamos a las personas a integrarse correctamente las unas en las otras. La familia debe alearse interiormente, debe formar una unidad familiar y servir de base a una sociedad integral, a modo de un pequeño sistema, que se unirá al resto de estos sistemas.

¿Cómo unir a la familia?, ¿por medio de qué?

Cuando padres e hijos estudian los mismos cursos, cada uno, de acuerdo a su edad y mentalidad, de hecho, comenzará necesariamente a cambiar y, paralelamente, hablará sobre estos cambios dentro del círculo familiar. No hay aquí lugar para la vergüenza o recriminaciones recíprocas, porque la sociedad se tiene que transformar.

Todos debemos jugar este juego deliberadamente para ponernos bajo la influencia positiva de la naturaleza. De lo contrario, será ésta quien nos obligue a cambiar, cuando mediante su gradual desarrollo, nos muestre y nos haga sentir los sufrimientos de nuestra falta de adaptación.

El secreto de la familia integral

¿Qué diferencia hay entre la familia integral y la familia tradicional a la que estamos acostumbrados?

Las aspiraciones del hombre y la mujer, que constituyen por sí mismas un complejo de diferentes cargas de distinta naturaleza, deben ser dirigidas hacia la formación de una bipolarización entre ambas, o sea, una estructura de interrelación que podría ser como la piedra angular de la creación. Como está escrito en el Génesis: "y se apegó a su mujer y fueron una sola carne"[4]. De todos modos, se trata de dos seres que están opuestos y unidos entre sí. O bien su unión sucede de forma natural, o bien, ya que la naturaleza nos muestra que sus características primarias son completamente contrapuestas, tendrán que hacerlo mediante un método especial e integral. Es sumamente importante dedicar nuestra atención a esta unión.

Pero no es simplemente crear apego dentro de la familia. Es crear apego para lograr una armonía general. Y por lo tanto, esto ocurre

---

4   *Genesis 2:24*

de manera completamente diferente, sucede en otro nivel. Esto es muy importante. En una familia integral, las personas se sienten responsables no sólo por sí mismos, sino también por los demás, porque forman parte de un gran todo. Cuando existe una falta de incorporación a ese todo, se provoca una reacción negativa por parte de la naturaleza. Y la reacción de la naturaleza será proporcional a la obstrucción que se le imponga.

Supongamos que mi mujer y yo agregamos al sistema general un obstáculo de 10 gramos. Puesto que somos meramente una partícula pequeña del sistema, entonces, esos 10 gramos, multiplicarán el coeficiente de complejidad de todo el sistema y se transformarán en kilos o toneladas de reacción por parte de la naturaleza; cuando toda esa carga vuelva hacia nosotros, nos presionará y nos obligará a cambiar.

¿Cómo nos obliga la naturaleza a cambiar? Los errores que cometemos -y seguiremos cometiendo-, provocan reacciones que las sentimos como indeseadas, forzadas y desagradables. Y en consecuencia son justamente las reacciones de la naturaleza a nuestros errores las que nos empujan correctamente hacia adelante.

¡El fin de la soledad!
¿Debe pasar el curso de "familia integral" quien no tiene pareja?

Primero, en una sociedad integral podremos llegar a una situación en la que todos tendrán familia. El individuo sentirá que la familia es el instrumento primordial a través del cual influye sobre el mundo.

Segundo, debemos reconocer que la naturaleza está formada de manera tal que el número de hombres y mujeres en la población general dependerá de la forma en que comencemos a comportarnos unos con otros. A través de nuestras relaciones recíprocas, supuestamente introduciremos en la naturaleza los datos deseados, en cantidad y en calidad; y esto resultará en una descendencia que creará las conexiones adecuadas, las células correctas. Depende solamente de la armonía existente entre nosotros.

Dado que actualmente no estamos en armonía ni entre nosotros mismos ni tampoco con la naturaleza, a nuestros hijos les resulta difícil encontrar una pareja adecuada. No les inculcamos la integralidad y por eso nuestro mundo se derrumba. Pero si abordamos ese tema de una manera amplia, si introducimos dentro de nuestros hijos datos informativos completamente diferentes, otros genes; se criarán ya de manera tal que el campo general de fuerzas de la naturaleza -que nos guía a todos acertadamente hacia el desarrollo y hacia una determinada meta-, los unirá a partir de una semejanza mutua. Cada uno de ellos encontrará rápidamente a su pareja.

Sin coerción ni limitaciones

Una parte importante del curso de la Sabiduría de la Conexión se dedicará a la economía y al consumo inteligentes. ¿Qué significa esto y sobre qué se basa?

Dijimos que en una sociedad integral no existe ningún tipo de coerción ni limitación. Es decir, existen diferentes marcos sociales y eres tú el que elige entre ellos el que quieras, el que más te guste. Esto se refiere a los alimentos, vivienda, vestimenta, seguridad, servicios médicos, estudios, etc. Estas necesidades básicas nos sirven sólo para hacer más cómoda nuestra existencia. Pero la educación es una excepción. Se nos impone a todos por parte de la naturaleza y no por parte de la sociedad humana. Con respecto a todas las pequeñas necesidades, de acuerdo a nuestro desarrollo social, debemos organizar debates sobre el tema y determinar qué nos es indispensable y qué no. Y sobre este tema, tenemos con seguridad mucho para aprender de los kibutz. Ellos organizaron esto en una forma muy interesante. ¿Realmente no necesita el hombre tener nada que le pertenezca o, por el contrario, necesita tener, por ejemplo, su propio vestuario?

Por supuesto que cada uno elige dentro de una gama de alimentos lo que le gusta y es sano para él. Nadie obliga a los demás a comer lo mismo. Pero básicamente, cosas como ropa, objetos, vivienda, etc., son bastante estándar.

Quien se ocupa de su desarrollo interior en forma intensiva, aminora su interés por las necesidades físicas y materiales, y no busca en ellas una satisfacción extra, lujos o un sabor o matiz especial. Estas necesidades pasan a serle indiferentes y triviales. Como un científico absorto en su investigación, puede estar vestido con harapos, o le es suficiente con comer algo liviano al paso, porque esas cosas no son de su interés, lo importante es poder seguir con su trabajo. Es decir, la sociedad constantemente hará investigaciones para determinar cuál es el nivel óptimo de bienestar para que a nadie le sobre ni le falte nada de lo necesario.

Librándose del lujo
A principios de la implementación del plan de una sociedad integral, deberemos superar de alguna manera nuestras diferencias de opinión. ¿Cómo es posible convencer a un individuo a conformarse

con un departamento, supongamos, de 40 m² y no desear uno de 150 m²?, ¿qué argumentos se pueden encontrar para ello?

Las personas irán cambiando su estilo de vida de acuerdo a nuestra medida de avance hacia la integración. Cada uno necesitará su habitación para poder estudiar y no molestar a los demás. Es suficiente una habitación para cada persona y, aparte de esto, un salón en común, cocina y otras habitaciones de servicio. Este es el hábitat normal. Si no perseguimos el lujo, sino que adoptamos una escala de medida de lo indispensable, podremos proveer a todos de estas condiciones.

Lo mismo pasa con la alimentación. Es muy fácil calcular la cantidad de alimento necesaria por persona. Es posible que la alimentación esté compuesta por cierta selección que se adapte a sus hábitos de acuerdo a la nacionalidad, costumbres, cultura, etc. Pero el surtido será limitado. No habrá 50 tipos diferentes de fiambres, como puede verse hoy en los supermercados, tanta variedad no es necesaria. En estos momentos, esto sirve para que alguien se beneficie a costa de los demás. Cuando no se habla de beneficios, todo el excedente automáticamente desaparece.

Durante la crisis, cientos de millones de personas se quedarán sin trabajo y el poder adquisitivo bajará drásticamente. Como consecuencia, desaparecerán de los estantes decenas de productos innecesarios porque nadie los comprará. Las variedades se reducirán en forma natural. Ni siquiera tenemos que pensar en ello. El mundo elegirá naturalmente, dentro de la abundancia, lo indispensable para una vida normal, no a costa de la salud.

Crearemos nuestra propia armonía
¿Qué debemos transmitir a las personas en el curso de economía inteligente?

Debemos presentar una estadística interesante: ¿cuál es el consumo de los recursos naturales necesarios de la humanidad?, ¿cuál es la forma económica del consumo de los recursos naturales, humanos, energéticos, etc.? Es decir, en el curso de la armonía con la naturaleza, las personas aprenden la manera de tomar de la naturaleza sólo lo indispensable para la existencia, como los animales, que se alimentan solo con la cantidad necesaria para subsistir.

En nuestra vida común somos realmente como los animales. ¿Por qué tenemos que tomar de la naturaleza más de lo indispensable? El animal excava por sí mismo una cueva, acumula alimentos, engendra a sus crías en forma instintiva, los cuida, devora otros animales y come, pero no más de lo que necesita. De la misma forma debemos conducirnos.

Todo debe funcionar estando en armonía con la naturaleza. Y de nuestra parte, ésta será una armonía consciente, lograda por nosotros mismos. A diferencia de la naturaleza animal, donde se preserva la armonía de manera instintiva, nosotros crearemos esa armonía en forma consciente.

El enorme beneficio de las excursiones
¿Qué otras partes se incluyen en el curso de la Sabiduría de la Conexión?

Lo esencial en el estudio integral es implantar la teoría y la práctica de la integración entre todas las personas, sin tener en cuenta la edad o el sexo. El aprendizaje, el entrenamiento psicológico, las actividades en grupos grandes y pequeños, la creación de nuevos medios de comunicación que eduquen al individuo y no que lo deformen, es realmente la esencia y lo más importante del curso práctico.

En la educación de los niños se presta mucha atención a los paseos, excursiones a fábricas e industrias. Se les muestra el mundo agrícola y animal, para explicarles cómo funciona la naturaleza, en qué forma, cuál es la interacción entre minerales, vegetales y animales y cuáles son sus niveles de desarrollo. Nos estamos refiriendo a películas didácticas, paseos a bosques, lagos, etc., que serán acompañados de explicaciones, de conclusiones precisas sobre la integración, sobre las acciones de interacción de la naturaleza.

Luego se estudiará la sociedad humana: ¿de qué forma se desarrolló esta sociedad desde la parte animal de la naturaleza, salió de las cuevas, bajó de los árboles, y qué logró con su desarrollo? ¿Qué construimos para nosotros en lugar de cuevas, qué fábricas construimos en lugar de perseguir a mamuts? ¿Cómo se originó la relación recíproca, la ayuda y apoyo mutuos? ¿Cómo están constituidos los servicios de salud, de finanzas, industrial y de investigación? ¿Cómo funciona la importación y exportación? Y, ¿cómo se implementa la relación mutua de toda la humanidad a través de todos estos sistemas? Y por supuesto, el estudio del universo. Cuando estudiamos sobre la vida y el mundo, realizamos excursiones muy serias. Vemos cómo estos paseos amplían la mente de los niños, y los transforma en más maduros y comprensivos. Después de las excursiones, les pedimos que cuenten dónde estuvieron, qué vieron, y porqué piensan que las cosas se dan de una o de otra manera. A continuación, llevamos a debate estas excursiones. Todo este proceso ayuda a una buena captación del material. Estos paseos externos se realizarán no más de una vez por semana, porque después de cada uno de ellos, se discute, se escribe una composición relevante, etc.

Estos paseos no están destinados sólo para niños, sino también para adultos. Ellos no conocen la industria, y no pueden imaginarse lo que la humanidad ha hecho para ellos, y estas excursiones ayudan a educar hacia la integralidad y la dependencia mutua. Y por eso, comprender que uno existe gracias al mundo que trabaja para ti, es muy importante para el sentimiento de reciprocidad, también desde el punto de vista educacional y también como apoyo moral.

Cuando le mostramos al individuo la relación recíproca entre los sistemas, comienza a ver todo de forma diferente. Lo más importante es que después de estas visitas, dictaremos clases especiales en las cuales trataremos la pregunta: ¿necesitamos dicha industria o es innecesaria para nosotros? Quizás podríamos arreglarnos sin ella, no para auto-perjudicarnos, sino simplemente, porque no sentimos necesidad de ella, y su falta no nos molestará. Y así, gradualmente, se va conduciendo al individuo a orientar su atención cada vez más hacia su mundo interior, y no hacia el mundo exterior.

Capítulo 4
Grupos de estudio como medio de conexión

Principios del capítulo:
- La importancia de la explicación
- El aprendizaje ocurre en el intelecto y en el sentimiento
- "Yo" – es aquel que puede investigarse a sí mismo
- Cómo crear los grupos de estudio
- ¿Permitir o no el pase de un grupo a otro?
- Cómo integrar a la tercera edad en el estudio
- Curso de fisiología del cuerpo humano

Equilibrar el sentimiento mediante el conocimiento
En los cursos de educación y de enseñanza integral nos proponemos enseñar primeramente a todos los desempleados, a aquellas personas que perdieron su trabajo. La mayoría están desilusionados de la vida, muchos tienen dificultades dentro de sus familias, en su realización personal, etc. Lo primero que encontraremos en un grupo como este es frustración, desilusión, agresividad.

¿Pueden personas que se encuentran en esta situación captar una información tan distante, abstracta y teórica? ¿Por dónde conviene comenzar para encontrar juntos un idioma común?

En un principio, las personas deben pasar por varios cursos de aprendizaje, no existe otra alternativa. Nosotros, los seres humanos, estamos compuestos de dos mitades, cerebro y corazón, y ambos deben equilibrarse. Entonces, el hombre se desarrolla armónicamente, y ve al mundo y se ve a sí mismo dentro del mundo. Es posible que perciba al mundo y a sí mismo estando en desequilibrio, pero su visión del mundo se va haciendo más o menos correcta. Por lo tanto, antes que nada, debemos equilibrar todas las dificultades del diario vivir por medio de la sabiduría. Entender de dónde provienen los problemas, cuál es su origen y por qué son necesarios para continuar nuestro desarrollo, a dónde exactamente debemos llegar, etc.

Los alumnos primeramente deben pasar por varios cursos de aprendizaje y, sólo luego, pasar al trabajo práctico y al juego de roles en diferentes situaciones. De hecho, el trabajo práctico en los grupos de estudio comienza solamente cuando los problemas y las diferentes crisis personales ya están equilibrados. Sólo entonces, surge entre los estudiantes el entendimiento de la esencia de los problemas. Y ya pueden discutir sobre eso, decidir, llegar a cierta conclusión, esclarecer la verdad. Y esta se esclarece cuando los sentimientos se equilibran por medio del conocimiento.

Si tomamos al azar cinco personas en la calle y conversamos con ellas sobre los problemas diarios, nos encontraremos con una falta de comprensión total acerca de la perspectiva integral. Seguro que los sentimientos superarán a la mente, y no llegaremos a nada.

Esto es lo que sucede hoy día en el mundo. No comprendemos

el mecanismo general de la naturaleza, su forma de evolución, el principio, el medio y el fin de este proceso, la situación de la humanidad y el lugar en el cual nos encontramos actualmente en relación al eje del tiempo. Por lo tanto, lo medimos todo sólo de acuerdo a nuestro pequeño y mundano egoísmo, que no nos permite llegar a ninguna conclusión acertada. Más aún, tomamos decisiones equivocadas para el futuro, y de esa forma, nos hundimos en un estado peor que el anterior. Y por esta razón, debemos comenzar por el aprendizaje.

Exactamente de la misma manera empezamos nuestra comunicación con los niños. Debemos tomar siempre el ejemplo de nuestras relaciones naturales con nuestros hijos. Todo comienza con la explicación. El niño se desarrolla y siente. La educación correcta se manifiesta al completar constantemente los sentimientos del niño a través de la explicación y de una actitud certera en relación a lo que él siente y a su forma de captarlo todo. Y esto debe equilibrarse también en quien ya no es un niño. Sin esto no podremos avanzar.

Sólo en la medida en que el grupo interiorice el conocimiento adquirido, en la medida en que reconozca y comprenda las causas del proceso de desarrollo estudiado, así podrá observarse a sí mismo. Cuando el hombre se trasciende a sí mismo, entonces es capaz de distinguir su "yo" dentro de sí y de observarse a sí mismo y a la sociedad, desde afuera.

También la psicología utiliza este sistema de observar al hombre desde afuera, contemplándolo como un objeto psicológico y no como una personalidad determinada. Después que el psicólogo analiza ese "objeto psicológico", inclusive sin explicarle qué y quién es, puede ofrecerle algunos consejos prácticos y explicaciones parciales, que seguramente están basadas sobre cierto balance entre el intelecto y el sentimiento.

Se trata de una enorme cantidad de información. Durante el proceso de estudio, el conocimiento va siendo absorbido gradualmente, y el individuo comienza a asimilarlo junto con el sentimiento. Es entonces cuando debemos reforzar el conocimiento por medio del estudio práctico, que ayudará a la persona a equilibrar el saber con el sentir. La primera sensación de este estado se puede obtener a través del estudio directo del material. Debemos hablar sobre el origen, la evolución y las características del ego. Y debemos presentarlo en forma completamente objetiva, como cualquier otra realidad, que no depende ni está relacionada con nosotros, para que se pueda captar todo de la misma forma que existe en la naturaleza. Luego, en los mismos cursos, se puede dar una breve explicación sobre el trabajo del ego dentro de la persona, sobre la manera en que se manifiesta en nuestro mundo, en las relaciones familiares, con los hijos, con nosotros mismos, etc.

Es decir que el estudio debe dividirse por lo menos en dos partes. Una parte teórica, donde presentamos lo que sucede en la naturaleza y tratamos de expresarlo con un lenguaje un tanto seco, científico. Y luego, el estudio práctico, donde intentamos analizar nuestros sentimientos por medios intelectuales.

La información teórica es siempre intelectual. Nos estamos investigando a nosotros mismos, nos atiborramos de conocimientos, de datos, de gráficos, de fórmulas, de diferentes imágenes, aclarando relaciones, etc., y gradualmente le vamos agregando un poco de sentimiento. O sea, el estudio es siempre bidireccional, "intelecto – sentimiento", emoción intelectual e inteligencia emocional.

No te avergüences de ti mismo

El hombre moderno arrastra con él una rica historia de diferentes limitaciones. Lo embotaron y le impidieron expresar sus sentimientos, y por lo tanto, su reacción automática hacia cualquier cosa nueva es negativa. Al principio, siempre se produce en el hombre una lucha entre el interés y el temor que suscita algo nuevo. ¿Cómo hacer para despertar el interés a pesar del miedo y el antagonismo?

Cuando comenzamos a enseñar sobre el hombre, sobre su fisiología, psicología, sociología, relaciones familiares, etc., debemos hacerlo en forma general y objetiva, sin atribuir estos temas a la persona misma. Sólo después, en forma gradual, podremos traer ejemplos: este es el hombre, la mujer, el niño y; este es el hombre en sí, quien reacciona de tal o cual manera, se compone de estas o aquellas percepciones, etc. O sea, empezamos hablando sobre un objeto abstracto y, gradualmente, acercamos este objeto al hombre. De esta forma, a mi parecer, no tendremos problemas.

El punto es que el hombre moderno no sabe nada de sí mismo, de su fisiología, su psicología, sus relaciones con otras personas, etc. Ocultamos nuestra propia naturaleza, nos avergonzamos de nosotros mismos y de los demás, tememos mostrar alguna debilidad porque pensamos que los demás pueden utilizarla en nuestra contra. El hombre piensa que debe mostrar sus firmes opiniones estando erguido como un resistente muro. Pero no tiene tal firmeza de opiniones. Cuando gradualmente descubrimos qué son de forma global y general el hombre, la sociedad y la naturaleza, nos vamos acostumbrando al hecho de que somos como somos porque así fuimos creados. No soy yo, todo se activa en mí independientemente de mí, entonces, ¿quién soy "yo"? "Yo" soy aquel que puede investigar lo que la naturaleza creó dentro mío. Como los médicos que no se avergüenzan unos de los otros ni de sus pacientes, o los psicólogos que pueden, sin avergonzarse, describir sus propios sentimientos y los ajenos, comprendiendo que esa es la realidad objetiva y que así somos. De la misma forma debemos presentar este tema al individuo.

El hombre tiene que empezar a actuar entendiendo que nuestro próximo nivel de desarrollo es la integración completa de todos con todo, donde todas las partes de la naturaleza se incorporan al hombre y el hombre se integra a ellas, donde las personas se incluyen unas en otras y, donde formamos conjuntamente con la naturaleza un orgamismo único y perfecto. Y por lo tanto, no hay nada que deba tapar, de lo que tenga que avergonzarme o tratar de ocultar ante los demás. Después de todo, tengo que llegar a una situación donde tengo que abrirme completamente y unirme a todos. Así como un niño en los brazos de su madre es un ser indefenso sobre el que su madre concentra toda su atención. En relación a la madre, desde el punto de vista de la naturaleza, el niño no tiene ningún obstáculo, limitaciones ni barreras; al contrario, existe entre ellos una unión completa.

De la misma forma, debemos llegar también a una relación semejante por medio de la educación y la adquisición de conocimientos integrales. Es por esta razón que el flujo durante los cursos, su comprensión, su construcción y la conexión existente entre ellos -cuando se llevan a cabo de uno en uno o en paralelo- deben armarse exactamente de acuerdo con su dependencia al eje del tiempo. Los cursos deben complementarse entre sí, de tal manera que gradualmente se genere en las personas una correcta actitud hacia sí mismas, hacia los otros estudiantes del grupo y hacia el mundo en general.

Formación de los grupos

Dijimos que es preferible comenzar el curso de la Sabiduría de la Conexión con la historia del desarrollo del egoísmo, y luego se pueden agregar la "percepción de la realidad" y la psicología. ¿En qué orden incorporamos estas materias?

Eso depende de las personas que participen en el curso. Debemos formar los grupos respetando la tipología de las personas. Cuando se habla de muchas personas, el grupo tiene una dinámica propia, en la cual uno influye sobre el otro. Alguna persona puede romper todo el sistema por medio de su nihilismo o su fanatismo y desviar a todo el resto hacia una dirección imprevisible. O sea, hay que constituir los grupos de personas considerando quiénes son, según su percepción general del mundo, de acuerdo a cómo entienden la vida, según cuál es su filosofía, etc. Pueden ser personas comunes y corrientes, amas de casa, técnicos e ingenieros, científicos o artistas.

La formación de los grupos debe depender de las características de los participantes y de su filosofía de vida, a pesar de que esta filosofía se haya impuesto, siendo influida y adquirida mediante las estropeadas relaciones que dependen de las actividades que realizan y el grupo social al que pertenecen. Pero tenemos que tener en cuenta todas estas características porque debemos trabajar con estas personas para llevarlas a una especie de terreno común. Finalmente, esperamos que todos aquellos que forman el grupo estén conectados sobre una base de conocimiento, sentimiento y entendimiento en común.

En definitiva, recibiremos un prototipo de cada grupo, y durante los estudios será necesario llevar a todos los grupos a una forma común, y cada uno de ellos tendrá su propia manera de arribar a ese territorio común. Por supuesto que ciertos grupos captarán los contenidos de una forma más sensible, otros de una forma más insulsa, más científica, más técnica. Habrá grupos que captarán el material según su nivel de desarrollo egoísta sin trascender el simple entendimiento, y otros grupos aspirarán justamente al análisis, la adquisición, el logro y la implementación total de este proceso para ellos mismos y para los demás.

O sea que en principio, todos los grupos deberán estudiar las mismas disciplinas, pero tanto el volumen como la forma de estudio de cada asignatura cambiarán de acuerdo a cada uno de los grupos. Todas las materias deben ser dictadas secuencialmente, menos el curso que trata sobre el desarrollo del ego, que se dictará durante todo el tiempo de aprendizaje, hasta el final, y continuará incluso después que el mismo haya finalizado. Una vez terminados los estudios y después de la "salida al mundo" del individuo, éste no podrá interrumpir el trabajo que ha comenzado y, de una u otra forma, continuará sus estudios.

Los cursos, en realidad, son infinitos, porque debemos llegar a una plena conexión con la naturaleza. El trabajo del hombre consigo mismo no se limita a un tiempo determinado. No es que aprueba los exámenes y listo. El hombre se encuentra a prueba en cada minuto de su vida, en la búsqueda de ese punto de equilibrio consigo mismo, con el entorno y con la naturaleza, donde se siente completamente cómodo.

Hay que ayudar todo el tiempo al individuo en este proceso y acompañarlo durante toda la vida, a través de los medios de comunicación, los medios virtuales, la televisión y la radio. Por lo tanto, no podemos decir en qué orden exactamente se deben formar los cursos y en qué medida deben ampliarse o reducirse. El resultado debe ser uno. Es necesario llegar a una uniformidad en todos los grupos, donde en cada uno de ellos se agrupen desde un principio personas relativamente semejantes en su nivel social, en su desarrollo y actitud hacia el mundo.

Por supuesto que los grupos se catalogarán también según su participación en el proceso integral de unión y apoyo mutuo. Hay grupos en los cuales su participación es menor de acuerdo al bajo nivel de desarrollo del ego, y por lo tanto también el nivel de desarrollo intelectual y emocional será menor. Y hay otros más avanzados. Es decir, los grupos serán clasificados, no sólo de acuerdo a su nivel de egoísmo, sino también, a su nivel intelectual y emocional.

Nos espera un gran trabajo de evaluación y clasificación para poder analizar y sintetizar todos los grupos. Es una misión psicológica interesante por sí misma, que algún día fundamentará la ciencia de la conexión integral de la humanidad.

Elección del grupo

Hablamos sobre el sistema de educación superior y destacamos la importancia de que el individuo participe en los diferentes cursos y que elija el que más le interese.

Supongamos que en el curso de la Sabiduría de la Conexión formamos un grupo según las características internas de los participantes. ¿Puede una persona cambiarse a otro grupo que le sea realmente adecuado, o las directrices serán que conviene justamente que estudie en un grupo determinado y no en otro?

A mi manera de ver, la unión en el grupo de estudio debe ser fija. Y paralelamente a ello habrá, por supuesto, casos especiales en donde el individuo pasará de un grupo a otro.

A la persona que ya forma parte de un grupo y que coopera con éste, en donde el estudio se combina con el trabajo práctico de debates y juego de roles, le será sencillo pasar a otro grupo. Pero esto podrá hacerlo sólo después de un tiempo determinado, después de haber adquirido el entendimiento de la integralidad y la correcta cooperación con los demás, independientemente de su nivel de comprensión emocional o intelectual. La primera etapa debe ser fija, ya que en ella bajo la influencia del grupo el individuo se libera de sí mismo.

Sentimiento común, mente común y corazón común

Supongamos que en los cursos de la Sabiduría de la Conexión las personas se integran un tiempo determinado en el grupo, pasan los estudios teóricos y prácticos, y luego, de forma natural, llega el momento en que la persona debe salir al mundo exterior. ¿Cómo hacemos esta transición?

Para esto comenzamos a unir gradualmente a los grupos, a fortalecerlos, a hacerlos aparecer en la televisión y participar en debates en medios virtuales. En realidad, el estudio de la conexión integral continúa durante toda la vida, hasta lograrse el último nivel de armonía en la sociedad humana y en la naturaleza. Por lo tanto, la progresiva consolidación de los grupos depende de la sensación del individuo de estar integrado en igualdad con todos los niveles de la humanidad, unificado completamente con ella y sintiendo a toda la humanidad en su interior.

Cada uno de nosotros sentirá que se encuentra en una sociedad "esférica", donde no se lo clasifica de acuerdo a ningún criterio, ya sea su nivel emocional, intelectual, u otras cualidades. O sea, es una sociedad que no depende de ninguna de las características que hemos recibido de la naturaleza y que por el momento no podemos elevarnos por encima de ellas.

En una sociedad integral, la integración mutua conduce a un desarrollo tal en el hombre, que le ha de permitir utilizar los sentimientos y los conocimientos de los demás, fusionarse con ellos y comenzar a utilizar herramientas ajenas como si fueran propias. En este caso, el "yo" personal "se pierde" y aparecen sentimientos comunes, intelecto común y corazón común. El hombre, supuestamente, se conecta con la imagen del hombre universal, el unificado, el virtual, llamado "humano". Y entonces, todas las diferencias entre las personas comienzan a desaparecer.

Estos son estados quiméricos para la humanidad: igualdad para todos, todos viven en las mismas condiciones, etc. O sea, cada uno de nosotros absorbe de una sola mente y de un solo sentir hasta donde pueda y cuanto quiera. Aparte, nadie sentirá que le falta algo, porque todo estará al alcance de todos, y los inmensos intelecto y corazón pertenecerán a todos.

Esfuerzos en común

Se pueden dividir las personas en dos tipologías según su manera de conectarse con otras. El primer tipo, son aquellas que dentro del marco de aprendizaje, sienten necesidad de crear algo nuevo junto con los demás. Después de conocerse, y al finalizar el estudio teórico y la consolidación entre ellos, se despierta en esa gente un deseo natural de realizar proyectos que proporcionen beneficios a los demás.

El segundo tipo son personas que solucionan problemas determinados en sus vidas, y luego llegan al grupo, adquieren cierta experiencia, reconocimiento y apoyo, y entonces, salen nuevamente al mundo, intentando transferir a los demás su experiencia de integración adquirida.

¿Es posible conectar estos dos tipos de personas en los cursos de la Sabiduría de la Conexión para una actividad común en el mundo?

Por el momento, nosotros sólo acercamos y conectamos a esta gente a los grupos que organizan paseos, congresos, diferentes juegos en común. Cuando ellos unen sus esfuerzos y sus recursos materiales, crean un modelo determinado de la sociedad futura.

El proceso es semejante a un juego, donde las personas se unen por algunos días, en ciertas circunstancias que fueron creadas especialmente para ellas, que las incentivan a la unión, a la participación mutua, a salir de sí mismas, a ayudarse unas a otras. Estas condiciones las ayudan a sentir su dependencia de los demás. Pero aún esta no es más que la etapa de "estudio de laboratorio".

Grupos de la "tercera edad"

¿En el marco de los cursos de la Sabiduría de la Conexión las personas especialmente mayores estudiarán en grupos separados, o podrán participar en grupos de edades diferentes?

Es conveniente separar los grupos de personas según las edades.

Sabemos hasta dónde la edad, la diferencia de mentalidad entre las personas y sus formas de comportamiento, influyen su forma de percepción. Es verdad que el resultado final debe ser que, por medio del apoyo y la integración mutua, superen todo lo que los diferencia, ya sea en relación la edad o la capacidad emocional o intelectual. Pero en un principio es conveniente crear grupos que sean lo más homogéneos posibles.

¿También los instructores se adaptarán a la edad y características del grupo?

La naturaleza se basa en la ley de equivalencia y concordancia entre las características, por lo tanto, en este caso se debe actuar exactamente según dicha ley. Es decir, educadores adultos para el grupo de gente adulta y, educadores jóvenes para el grupo joven. En realidad, en el grupo de gente joven pueden estudiar también personas de mediana edad, pero no ancianos.

Los cursos deben estar formados de manera que se generen la menor cantidad de obstáculos para la absorción del material impartido y que se cree, en la mayor brevedad posible, un contacto correcto y una comprensión entre el educador y el grupo.

¿Los adultos deberán estudiar en grupos separados de hombres y mujeres?

No. No creo que sea necesario porque ellos ya están acostumbrados a todo tipo de relaciones, y para ellos, el hecho de estar hombres y mujeres juntos es algo natural. No creo que sea conveniente romper su imagen y convertirlos en una especie de "comando" como sucede en el ejército o en un grupo deportivo.

Las actividades conjuntas entre ellos ya no están basadas en la competencia o impulsos internos, sino en la ayuda mutua. La actitud de cada uno de ellos hacia los otros, hacia la vida y hacia el mundo, es completamente diferente, porque la psicología de estas personas es completamente distinta. La tercera edad no exige el mismo trato que exigen los jóvenes y especialmente los adolescentes. En los jóvenes, está muy viva la lucha por el liderazgo, la comprensión y la prominencia. Y los adultos son relativamente más tranquilos. Pero por supuesto debemos adaptar para ellos la manera de estudio y la presentación del material.

La importancia de la experiencia de vida

¿Qué tiene de especial la estrategia integral cuando se trata de personas de edad avanzada?

Los que pertenecen a la tercera edad adoptarán el concepto de lo integral con facilidad. Por haber recorrido un largo trecho en la vida entienden hasta qué punto no son dueños de ella. Es como si la vida hubiese pasado por sí sola. Fue la vida la que los dirigió a ellos y no ellos quienes dirigieron la vida. Las personas de esta edad son más propensas a aceptar que la naturaleza opera sobre nosotros, y a su edad, no quedándoles mucho tiempo para reconocerlo y quizás corregirlo de alguna manera, son más diligentes, sensibles y partidarios del método.

Aparte de esto, por la rica experiencia de vida que estuvo acompañada de sufrimientos, tienen una postura positiva hacia el plan de estudio propuesto. Desde un principio lo aceptan, y participan en el aprendizaje con una actitud amistosa. Nosotros les ofrecemos llegar a una armonía en el corto tiempo de que disponen.

Son personas que viven y se auto-valoran, no en relación a lo que adquirieron, sino en relación con el final de la vida. Ese sentimiento inconsciente es lo que determina su comportamiento. Y al tramo final de su vida debemos traer alegría, entendimiento, elevación hacia un nuevo estado que trasciende el final de la vida terrenal. Hay que darle a la persona mayor la sensación de que supuestamente está volando, y que se está por chocar con algo, cuando de pronto, aparece una grúa que lo eleva y lo traslada al otro lado del obstáculo. El sentimiento de esta oportunidad es lo que le da fuerza. Por lo tanto, le será más fácil trabajar en grupo.

Espero que estos grupos nos sirvan de ayuda, porque en definitiva, cuantos más sean, más fácil nos será integrarnos a toda la humanidad.

La longevidad es típica de nuestra época y le permite al hombre acumular más experiencia de vida. En comparación con los siglos pasados, hoy en día, la vida se ha alargado al doble. En la antigüedad y hasta el siglo XVIII, el hombre no vivía más de 35 – 40 años. Nos es difícil de creer que el tiempo de vida era tan corto. El hombre no alcanzaba a conseguir casi nada en su vida y ya moría. La vida se interrumpía, de alguna forma, muy rápidamente.

Debemos aprovechar que en nuestros días, nuestro desarrollado ego nos ofrece la oportunidad de disfrutar de la experiencia y la perspectiva que se conforman en el hombre hacia los 60 años. Hoy día, la mayoría de los seres humanos son personas de edad madura. Debemos utilizar esa masa que tiene sentimientos positivos hacia la visión integral, hacia sus resultados, y crear a través de ella, en toda la humanidad, el fondo adecuado para la integración.

Por lo tanto, no debemos esquivar a los grupos de edad madura, ya que en general los tratamos de forma superficial, pensando que "les crearemos todas las condiciones para que no nos molesten, que se sienten en un banco y terminen sus vidas en paz". Pero no, debemos construir con ellos grupos fuertes, y serán ellos los que diseminarán entre sus hijos y nietos este método, y el beneficio será, la salvación que este método le da a la humanidad.

Es sabido que las personas mayores disfrutan contando la historia de sus vidas ¿debemos permitirles compartir sus historias?

Sólo si pueden ser usadas como ejemplos psicológicos. Los mayores disfrutan contando su vida, pero estas historias deben ir acompañadas de la investigación, del análisis y llegar a la conclusión del porqué ha sucedido ese determinado hecho, cuáles fueron sus consecuencias, qué nos enseña esa situación hoy en día, etc.

Debemos tomar en cuenta la tendencia que tienen los mayores a dedicar mucho tiempo a sus recuerdos, y debemos enseñarles la manera de actuar ante la experiencia de vida que han acumulado.

No pasar la vida, sino encontrarla

Dijimos que en los cursos de la Sabiduría de la Conexión las personas se reunirán durante 7 – 8 horas al día. ¿Hay lugar en este programa para reuniones adicionales fuera del marco del curso, como, por ejemplo, una diversión compartida durante las fiestas, etc.?

Esto sucederá gradualmente. Durante las 7 – 8 horas de estudio la gente tendrá comidas en común una o dos veces al día. El almuerzo y a continuación un descanso, serán parte de la rutina diaria de estudios. También, deberá de haber pausas de reposo, y los temas de estudio tienen que cambiar continuamente. De otra forma, a las personas les resultará difícil resistir, especialmente si son personas mayores, se dormirán.

Debido a que los mayores tienen tiempo libre, debemos dividir su día en estudios diurnos y nocturnos, y permitirles tener un descanso en la mitad del día, para las ocupaciones de la casa y las necesidades naturales. Es una edad especial, en donde la fisiología del cuerpo no facilita las cosas.

El propósito es que después que el individuo se incorpore al grupo, adquiera un nuevo entorno en el cual viva y no sólo pase el tiempo libre, sino que encuentre en esta sociedad un buen futuro.

Hay que crearles condiciones de esperanza y alegría, que les aporten un apoyo psicológico que los curará realmente. Esta debe ser su principal ocupación desde las primeras horas de su permanencia conjunta en el marco de estudio integral. Organizarles noches sociales, bailes, etc. O sea, debemos pensar algo especialmente adecuado para ellos.

Quisiera volver a recalcar, que su actitud positiva hacia nuestro método, sus deseos para que se concrete y su disposición tienen mucho que aportarles a los grupos de otras edades. Las personas mayores pueden y son capaces de influir sobre todos. Es una edad muy activa. La gente mayor sólo aparenta pasividad, pero en realidad, su influencia es poderosa.

El temor que eleva

El sentimiento de temor que aparece en los grupos de todas las edades se manifiesta de forma más aguda entre las personas mayores de la sociedad. ¿Cómo se puede enfrentar este miedo en el marco de la Sabiduría de la Conexión? ¿Cómo encarar la pregunta: "qué pasa si no lograra conseguir la sensación de eternidad y perfección?".

Debemos presentarles tareas muy concretas, a diferencia de las tareas a largo plazo que se les encarga a los jóvenes. A los mayores hay que ofrecerles metas específicas que puedan lograrse inmediatamente. Paralelamente, debemos también comentarles sobre la imagen global y general del sistema de la naturaleza, sobre la eternidad y las transformaciones de la naturaleza y de nuestras reencarnaciones dentro de la misma. O sea, desde un principio ocuparnos de un serio apoyo emocional.

Dijimos que el temor a la muerte paraliza la vida del individuo, lo obstaculiza. En los jóvenes, este miedo es menos latente, pero desde una edad determinada se manifiesta más. ¿Cómo tratamos este miedo en el método de la Sabiduría de la Conexión? ¿Cómo podemos trabajar con él?

La clave para comprender nuestro sitio en la naturaleza es esclarecer correctamente el lugar que ocupan nuestra muerte y vida biológicas. Hay que elevar al hombre a un nivel mayor de entendimiento respecto a su lugar en la naturaleza, aunque aún no logre percibirlo.

El hombre alcanzará un sentimiento de eternidad y perfección cuando se encuentre conectado integralmente a una determinada masa crítica de personas, las cuales también logran esta conexión. Entonces, supuestamente, nos elevamos por encima de nosotros mismos, creamos una imagen de un solo hombre, con una sola mente y un solo corazón. Y nuestro cuerpo físico continuará existiendo acompañando esta única imagen, como el animal que está pegado a su dueño.

Hay que concentrar en esto la atención de las personas, y tratar de llevarlos a este sentimiento. En realidad, no es tan difícil psicológicamente, porque los adultos ya apoyan el plan y esperan resultados. La población adulta, constituye esa parte de la humanidad que anhela felizmente la unión, cercanía, y comprende que fuera de eso, de todas formas, todo desaparece.

Las personas mayores están dispuestas a desprenderse de todo, relativamente, para sentir la trascendencia por sobre la muerte, sentir que se elevan justamente sobre la causa del inevitable final que se va acercando. Debemos hacerlos sentir como si fueran un avión que se está por caer y estrellar sobre una montaña y, de repente, llega una fuerza y lo eleva. Pienso que es posible crearles rápidamente una sensación semejante.

Aparte, los cursos para personas mayores deberán ser, por supuesto, mucho más sencillos. No necesitan de un extenso aprendizaje teórico y práctico. Ellos, simplemente, cooperarán encantados. Justamente el egoísmo y el temor que aparecen en las personas adultas, el deseo de lograr un resultado que los eleve, todo esto, brindará al resto de los grupos de la sociedad una base seria para el movimiento.

Principios fundamentales de los cursos integrales
Dijimos que el plan general de estudio integral está compuesto por 10 cursos, entre los que se encuentran, la historia de la evolución

del egoísmo, la percepción de la realidad y la psicología. ¿Qué otros cursos entran dentro del programa?

Debemos incluir en el plan de estudios un curso de fisiología humana en el que se demuestra hasta qué punto nuestro cuerpo está constituido de acuerdo al principio holístico, donde todos los órganos del cuerpo están relacionados entre sí. Éstos están formados de elementos opuestos que actúan de forma diferente, y cada órgano funciona en armonía consigo mismo y con los demás. O sea, que la salida de ese equilibrio se llama "enfermedad" y genera una perturbación en el funcionamiento de todo el cuerpo. Es así también en el cuerpo general. Cada persona debe ser una unidad integral y también una unidad singular. Nadie me invade dentro de mi individualidad, pero yo debo posicionarme correctamente en relación al resto de la sociedad, entonces, la veré como un solo cuerpo que está sano. Y así, ese cuerpo se unirá a la naturaleza.

La persona tiene que pensar constantemente en cómo ser una parte orgánica que está conectada integralmente a sí misma, a la sociedad y a la naturaleza. Al principio, ella no puede relacionarse con los demás. Necesita examinar cada situación, comprobar si también es una unión según la integralidad de la naturaleza. O sea, existe el hombre, el grupo, la sociedad y la naturaleza, y todos tienen que consolidarse y unirse juntos al mismo tiempo.

Los cursos deben incluir estudios sucesivos sobre los siguientes temas:

- Fisiología humana, estructura de los sistemas integrales, su interdependencia, retroalimentación.
- Factor de seguimiento, equilibrio del sistema, o seguimiento tras una meta determinada según un camino definido, como en

pequeños sistemas cibernéticos con retroalimentación.
- Estructura del universo, estructura de la sociedad, percepción de la realidad, historia.
- Conexión con la sociedad, con el grupo, con la familia, consigo mismo.
- La crisis, su causa y su propósito.
- Cursos de educación, donde se agregan estudio a través de actividades prácticas, paseos, excursiones, etc.

El propósito de los cursos es darle al individuo la sensación del mundo integral. Para nosotros, los egoístas, el mundo aparece ante nuestra vista, en forma opuesta, anti-integral, fragmentado. Es más cómodo imaginarlo así, para poder "comerlo" y aprovecharlo al máximo en nuestro beneficio. Pero si pienso que este sistema debe funcionar justamente en forma integral, y que yo me beneficiaré con ello, entonces comprendo que debo conocerlo, estudiar su reciprocidad, la interdependencia que existe en él y la globalización. Este aprendizaje me ayuda a ser partícipe, a involucrarme y a ser sensible.

Por lo tanto, los cursos deben incluir varias decenas de ámbitos que estén relacionados entre sí. En todos los cursos se clarificarán los contenidos y en cada ocasión se hará incapié en alguno de los pequeños detalles técnicos del sistema integral, del sistema analógico, del sistema de seguimiento, de la constitución de nuestro cuerpo, su fisiología y psicología. A partir de todo esto, construiremos la transición gradual hacia la cooperación.

Cada curso debe ser dictado por un especialista, y cada especialista debe concordar con el grupo específico. Como sabemos, según la experiencia en psicología, para que las personas acepten al moderador, lo respeten, lo valoren y presten atención a sus palabras, éste debe coincidir con sus edades, posición social, etc. Estamos

Capítulo 5
La Sabiduría de la Conexión – método innovador

Principios del capítulo:
- Las problemáticas de las escuelas hoy en día
- Juicio al ladrón en la sociedad integral.
- Juicio al delincuente en la sociedad integral.
- Juicio a quien toma un préstamo en la sociedad integral.
- ¿Se ocupa la Sabiduría de la Conexión de la ética?

Hay tentativas de implementar la Sabiduría de la Conexión. Me gustaría enfocarme en un caso específico. Una conocida, educa a su hija según el método de la Sabiduría de la Conexión, y actúa de acuerdo a los principios de las etapas de educación desde el día de su nacimiento.

El propósito de este tipo de educación, es el de acercarse en lo máximo posible a la naturaleza, ya que también en la familia, en la construcción del núcleo familiar, debemos comportarnos naturalmente, semejante a como lo hacen los animales en la naturaleza. Aunque acercarnos a la naturaleza no es una conducta instintiva en nosotros, debemos despertarla, basándonos en las investigaciones y en lo que se acostumbraba en siglos pasados, y no considerar el estado natural como algo pasado de moda. Por ejemplo, amamantar a los niños. La lactancia materna tiene ventajas nutricionales, saludables, evolutivas, psicológicas y económicas para él niño, para la madre, para la familia e incluso para la sociedad.

Lamentablemente, hoy en día los niños dejan el pecho a la semana o al mes del nacimiento, si es que se le amamanta desde un principio. En la mayoría de los casos, esto ocurre en contra del deseo natural de las madres. Por lo tanto, el origen de todas las enfermedades se encuentra, precisamente, en la edad de lactancia. No hay dudas de que lo mejor para el niño es ser amamantado hasta los 2 años, que es la forma natural que existía en la humanidad desde épocas antiguas, porque así recibe todos los micro-elementos necesarios para su normal desarrollo. Estos componentes, lo ayudan a enfrentarse a todas las enfermedades comunes en esa edad.

Colegio integral
¿Existe hoy en día un colegio que trabaje con el método integral, al cual pueda enviar a su hija?

En el mundo ya hay ejemplos de escuelas de acuerdo al método integral, no como las que nosotros proponemos, pero parecidas. Son clases estructuradas en forma de círculo, el niño no se sienta frente a una pizarra o un educador, sino que participa libremente en los debates. El niño se expone al mundo a través de ejemplos, y no por medio de explicaciones desabridas en la clase, donde debe estudiar, pasar exámenes y luego olvidarse.

La mayoría de los padres no están contentos con la educación escolar por los problemas que existen hoy día en las aulas, en las escuelas y en la sociedad en general. Muchos niños estarían felices de no tener que ir al colegio, preferirían formar para ellos una forma diferente de educación y capacitación.

Ellos necesitan entender en qué consiste el mundo, cómo estamos estructurados nosotros y cómo lo están las leyes de nuestra sociedad. Por medio de la educación, con 10 – 12 años de estudio, nosotros pretendemos preparar al ser humano para la vida, brindarle conocimiento y capacitarlo para comunicarse con los demás. Primero, tiene que saber ayudarse a sí mismo, saber ayudar a los demás y saber recibir ayuda de los demás. Es decir, debe conocer todos los principios prácticos de unificación y cooperación mutua. ¿Los colegios enseñan esto? No.

En la actualidad, el propósito del sistema educativo es que el niño adquiera una profesión y pueda ganarse la vida. ¿Y qué tendrá aparte de un sueldo? De esto no pensamos. Es más, del sueldo no pensamos lo suficiente, porque no preparamos al hombre emotivamente. Él trata de evadir todos los deberes que atañen a la sociedad, a los padres, a la familia, ni siquiera desea formar una familia propia. Debemos pensar cómo construir un nuevo sistema educativo escolar. No por medio de la esclavización del niño al colegio, como en el viejo sistema que comenzó cuando quisieron convertir a los campesinos en obreros de fábricas, sino por medio de una reedificación del marco escolar.

Aparte del enfoque integral, hay muchas otras corrientes y tendencias educativas. No nos ocuparemos de hacer un análisis comparativo, pero lo que tienen en común es que toman en cuenta al hombre y no a la masa informativa que debe recibir, información que, de todas formas, pasado un tiempo, serán rápidamente olvidadas. Es por esto, que muchos piensan que al niño no le hace falta ir al colegio. Hoy en día existe el Internet, la enseñanza a distancia y la educación en el hogar.

Se sabe, por investigaciones antropológicas, que en los comienzos evolutivos de la raza humana, cuando estábamos más cercanos a las leyes de la naturaleza, el padre se ocupaba de la "caza", la madre de la administración del hogar y educación de los niños. A través del "reconocimiento del mal" de nuestra situación, debemos tratar de regresar lentamente a un sistema normal y equilibrado de relaciones mutuas, y no dañar a los indefensos niños. Al principio, los padres "botan" al niño en el jardín de infantes, y luego, lo mandan a la escuela y éste regresa de allí golpeado física y emocionalmente, como resultado de las luchas de poder, en lugar de conectarse con la sociedad. No es una sociedad sino una lucha sin fin. Debemos volver a organizar los colegios y transformarlos en un marco humano. Las escuelas, en su forma actual caducaron tanto, que simplemente ya es imposible seguir así.

Para reconstruir el marco escolar, es necesario comenzar por los padres. Hay que desarrollar y transmitir cursos humanitarios, y por sobre todo, un curso de la Sabiduría de la Conexión como curso obligatorio para los educadores, para preparar al educador mismo. Paralelamente, debemos introducir en las escuelas, psicólogos y expertos en Sabiduría de la Conexión, que comiencen a hablar con los alumnos. Aparte, en las clases se deben incluir instructores cuyas edades estén ligeramente por encima de la de los alumnos. A éstos les será más fácil vincularse con los estudiantes y ejercer sobre ellos una influencia positiva. Si no lo hacemos, nuestra futura generación se convertirá en una generación perdida.

El colegio como espejo de una sociedad deteriorada

Cuando hablamos de educación, existe el temor de ser tratados como personas no prácticas, que inventan un método idealista, desconectado de la realidad.

Yo estoy totalmente en desacuerdo. El mundo de hoy y el que proponemos son dos mundos completamente diferentes y contrapuestos. Hay que mirar la verdad a los ojos. No se puede dar soluciones a medias. No se puede crear un marco escolar que es medio humanista y medio egoísta, como lo es hoy en día.

Cuando un niño pequeño llega a la escuela, pueden pegarle, robarle, presionarlo e inculcarle todo tipo de valores, persuadirlo de todo y hacer de él lo que se quiera. Lo fuerzan a ser como los demás, y justamente, como aquellos que dan el peor ejemplo. Llega a fumar, a consumir bebidas alcohólicas, y ni hablar de drogas. La escuela, es una escuela de la arrogancia, donde a uno lo traen en auto y el otro llega caminando, etc. Todas las injusticias de la sociedad moderna se revelan entre los niños en el colegio de una forma muy cruel y debemos combatir este fenómeno. Debemos comenzar a hacer algo al respecto, se trata de nuestros hijos.

Nos hemos convertido en egoístas insensibles, y de la misma forma tratamos a los niños, como si los apartáramos de nosotros. En lugar de educar al niño a ser una persona normal, en lugar de crear para él un futuro, una sociedad futura, es como si le dijéramos: "vete a tu escuela, allá tienen que ocuparse de ti, arréglatelas tú solo". Nosotros no creamos una sociedad ni educamos al hombre para que sea persona, no nos importa lo que vendrá, hasta tal punto, que ni siquiera queremos traer hijos al mundo. Nosotros simplemente existimos, vamos con la corriente y la corriente nos lleva hacia una enorme cascada que cae al abismo.

Todo comienza con el individuo

Una persona que llega al curso de la Sabiduría de la Conexión, por un lado, comenzamos a contarle sobre el maravilloso mundo integral que ya empezamos a construir. Por otro lado, él vive en un mundo monstruoso que lo presiona. ¿De dónde puede absorber motivación para continuar en este camino?

Si una gran masa de gente comienza a cambiar gradualmente, entonces, de forma natural, cambiará también la situación social, tanto en la estructura social como en las relaciones interpersonales. Cuando esas personas que recibieron Sabiduría de la Conexión "crezcan", todo cambiará. Por eso, debemos empezar por la educación del individuo, él es el centro de todo, y por medio de la educación, también gradualmente cambiarán los vínculos sociales. Porque después de educar al hombre, él construirá el nuevo mundo.

Jardín de infantes, colegios, la familia, programas para niños, todo tiene que estar relacionado mutuamente, para poder crear una generación que cambie nuestro mundo, porque esta cambiará por sí misma, mediante el proceso de maduración.

Educando y educándose

¿Cuál debe ser la estructura de la Sabiduría de la Conexión? ¿Cómo comenzamos a educar a una persona adulta?

La educación de la persona adulta es importante, pero nuestro mayor foco de atención debe estar puesto en la educación de los niños, porque es sumamente difícil cambiar a un adulto. Es cierto que los adultos sienten todos los males de la sociedad en la que viven y les gustaría cambiarla. Pero cambiar la sociedad significa cambiar al hombre, y esto resulta muy difícil. Si nos ocupamos de los niños, nuestro mayor tesoro, en consecuencia, cambiaremos también nosotros.

Todos somos padres de alguien y nos preocupa el futuro de nuestros hijos. Nosotros solemos decir: "si no soy yo, por lo menos nuestros hijos", y si actuamos así, si nos preocupamos por crear una sociedad diferente para ellos, si nos preocupamos por la próxima generación y tratamos de educarla, esto hará que, paralelamente, nos ocupemos también de nuestra nueva educación.

¿Esto implica que el curso debe incluir también un curso de preparación de educación infantil?

Por supuesto, el curso debe incluir temas de colaboración entre el hombre y la sociedad, entre el trabajador y su director, entre las parejas y también entre padres e hijos. El individuo debe estar vinculado de manera integral con todos.

Reflexiones sobre moral
Cuando uno llega al sistema educativo, lo primero que le preocupa son los temas relacionados con la moral, qué es correcto y qué no. Por otro lado, sabemos que la moral bloquea el desarrollo del hombre.

El método de la Sabiduría de la Conexión está en contra de la moral, y esto lo digo rotundamente. La ética propone muchísimas convicciones que el hombre debe recordar, captar, y finalmente crear de acuerdo a éstas su "yo", que le fue impuesto a través de diferentes marcos éticos. Estos marcos, convierten al hombre en una persona de estrechos horizontes y "bloqueado", que aparentemente coopera en forma correcta y exacta con el entorno.

Y así, dentro de esos marcos limitados, el individuo crea su propio "yo", como una especie de maletín de hierro negro, bien envuelto. Esto no es libertad. El hombre no puede vivir así a largo plazo, y si lo hace, paga el precio de perder todo tipo de sentimiento, cordialidad y comprensión mutua.

La persona "moral" puede decidir que debe matar a alguien, y lo hará fácilmente, porque matarlo concuerda con las reglas aceptadas en su sociedad, las cuales ha internalizado perfectamente. En realidad, así son los regímenes fascistas, el nazismo y otras formas diferentes de extremismos. Estas son formas opuestas a la anarquía. La Sabiduría de la Conexión está situada en la línea media, y este es el estado entre estas dos formas extremas, o sea, el individuo debe comprender la necesidad de cada determinación moral suya. Debe analizar si concuerda con la naturaleza, si es aceptable actualmente en una sociedad que actúa en mutua cooperación, y tratar que el beneficio social esté constantemente por encima del beneficio propio. De esta forma, toda la sociedad avanzará hacia una integración más y más grande, porque así lo exige la naturaleza.

Por lo tanto, no hay duda que deben existir marcos morales, pero éstos deben ser flexibles y desarrollarse continuamente. Deben estar bajo el control personal y de la sociedad, sin lo que se llama "vacas sagradas".

La Sabiduría de la Conexión es contraria a la que ofrecen aquellos que educan por el método de "adiestramiento": "como te adiestramos - así serás para toda la vida".

El ladrón que vive en mí

Supongamos que alguien roba algo. En general se le predica moral o se le atemoriza: "no robes, es malo, te encarcelarán". ¿Cuál es la manera de enfrentar esta situación en el método de la Sabiduría de la Conexión?

En el método integral se realiza un juicio. La pregunta es: ¿a quién se juzga? No hace falta ocultar el hecho de que en cada uno existe la inclinación oculta a robar. Cada uno de nosotros se llevó algo de algún lugar, robó alguna cosa. Si lo niega, significa que se está mintiendo a sí mismo y a los demás, o que ni siquiera se dio cuenta que estaba robando, cosa que sucede frecuentemente.

Debemos esclarecer de dónde recibimos esta característica, ¿es útil o dañina? ¿Cuál es realmente el significado del "robo"? ¿Qué me pertenece a mí y que le pertenece a otro? Primero tenemos que aclarar todos estos puntos, partiendo de un cuadro completamente objetivo, sin referirnos a nadie ni a nada en especial, y sin evaluar la moralidad de los términos "robo", "honestidad", etc., sino sólo examinando los términos en sí.

Después, analizaremos un hecho en concreto. Esto también lo haremos sin referirnos a nadie en particular, porque es algo que puede pasarle a cualquiera. Cada uno de los participantes debe ponerse en el lugar de la persona que cometió el acto y tratar de sentirlo, o sea, defenderse a sí mismo, acusarse a sí mismo, etc. De esta forma, todos experimentamos juntos este episodio. Debemos tomar el caso como un ejemplo que nos fue dado para aprender de él. Y más aún, debemos agradecer al compañero por haber cometido el acto, por ofrecernos la oportunidad de experimentarlo como si nosotros mismos lo hubiéramos cometido.

Como todos estamos unidos por lazos integrales en un sistema único, en un solo grupo, debemos detenernos a pensar: "¿Cómo pudimos llevar a nuestro compañero a esta situación?", quiere decir que la sociedad es culpable. El hombre es un reflejo del ambiente en el que vive. Entonces, quizás él no es el culpable y el problema está en nosotros. O sea, cada caso de este tipo puede ayudarnos a solucionar muchos problemas, y llevarnos a una visión nueva de nuestros valores y de nuestras relaciones.

Por último, debemos llegar a la conclusión de que no existe un acto individual o un acto bueno. Cada acto y acción son resultados directos de la influencia del entorno, y así debemos juzgar a todos. Si llegamos a esa conclusión, todos sentirán que en cada uno vive ese ladrón, y por lo tanto, éste se reveló en uno de nosotros, que quizás sea la persona más sensible. De esta manera, se nos abre un extenso campo de esclarecimientos y análisis. De aquí debemos deducir: todos somos culpables. Si es un grupo, una sociedad o una clase, en donde todos están unidos en una relación mutua y estudian el método de unificación integral, entonces todos somos culpables. No existe eso de que uno es mejor o peor, sino todos somos como uno, o mejores o peores. No hay aquí lugar para calificaciones. Prohibido calificar individualmente en una sociedad integral, porque estás evaluando a la propia sociedad, no al individuo.

¿Después del debate, debo devolver lo que he robado o me basta con reconocer el hecho?

Tú personalmente no debes hacer nada, esta tiene que ser una decisión común. Todo se aclara conjuntamente, y si hace falta pagar por lo robado, lo pagan todos juntos. Si se llega a la conclusión de que todos son culpables del hecho, quiere decir, que todos tienen que afrontar las consecuencias.

Supongamos que soy testigo de un incidente en la calle ¿Cómo tengo que actuar?

No hacer nada que esté fuera de la norma. Todo depende también de la sociedad.

Por ejemplo, supongamos, que deseas ayudar a una anciana que se resbaló y se cayó. En ciertas sociedades te pueden acusar de inmoral. También la anciana puede llegar a pensar que decidiste aprovecharte de ella de alguna manera: para robarle o para alguna otra cosa. Hay otras sociedades en donde todos correrían en su ayuda. Depende del lugar donde la persona se encuentre. Por eso, tu reacción de ninguna manera deberá ser diferente a la de los demás, sino de acuerdo a las costumbres del lugar, de otra manera, parecerá extraña e incomprendida.

Explicación de la idea de la Sabiduría de la Conexión
Durante el proceso de la Sabiduría de la Conexión el individuo comienza a cambiar, y también lo hace su entorno social. ¿Debemos prepararlo para este cambio desde un principio?

De todas maneras, y sin tener otra alternativa, avanzamos gradualmente hacia una sociedad integral, por eso, debemos anteponer a los estudios prácticos, una campaña publicitaria para diseminar la idea de la Sabiduría de la Conexión, basada en datos científicos sobre las exigencias de la naturaleza, del entorno y de nuestra naturaleza interior en desarrollo.

De no existir una concordancia entre nosotros y la naturaleza, estaremos mal. Nosotros debemos aprender a adaptarnos a los nuevos marcos circulares que la naturaleza crea a nuestro alrededor cuando nos incluye dentro de una red de estrechas relaciones mutuas, y oponernos a esto es inútil. Por lo tanto, es nuestro deber aclararle a toda la humanidad la idea de la Sabiduría de la Conexión, esta información y esta necesidad histórico-social. Y así, el resto de nuestras acciones surgirán de ellos mismos en forma natural y parecerán correctas. Las personas comenzarán a comprender lo que estamos haciendo y aspirarán a ello.

Si presentamos nuestras actividades sin ninguna explicación, nadie entenderá y se producirá un antagonismo. Verán en nosotros personas ingenuas, utópicas, etc. Pero, si comenzamos a enseñar a los niños e inculcamos gradualmente en ellos elementos de humanidad, no se presentarán problemas especiales ni con la sociedad ni con los padres. Pasado un tiempo, se verán resultados positivos, y será posible apoyarse en ellos para influir sobre la opinión pública.

Así, por un lado, la tierra fértil para nuestras actividades son las organizaciones infantiles, por otro, el llegar a los niños es una de las tareas más difíciles, porque el acceso a ellos está regulado por el estado. Éste es quien fija los planes de estudio de los colegios, y tiene el derecho de obligar a los niños a ocuparse de lo que él desea y no de lo que es bueno para ellos. Es muy difícil luchar contra un sistema tan conservador.

Pero la sociedad lucha, levanta colegios privados con diferentes métodos de estudio. Hoy día, en muchos países, el niño puede estudiar en su casa por medio de Internet, y dar exámenes en forma externa. Esto es ya una gran ventaja. Anteriormente esto era imposible, porque la ley no permitía la educación en el hogar.

El beneficio del método de la Sabiduría de la Conexión

A comienzos del siglo XX se llevó a cabo una campaña para la eliminación del analfabetismo. Lo que hoy parece natural, tuvo entonces resistencia. Muchos se oponían a entregar a sus hijos a las escuelas, y tampoco ellos querían estudiar, porque opinaban que era una pérdida de tiempo. ¿También ahora puede darse una situación parecida, donde la Sabiduría de la Conexión sea vista como inútil, sin valor? ¿Cómo será posible superar tal oposición?

Muchos educadores, psicólogos y sociólogos entienden hoy, el difícil problema del sistema educativo, pero no saben cómo luchar contra él. Por lo tanto, debemos hacer un trabajo informativo lo más amplio posible.

Los maestros se identifican con los alumnos, es más, muchas veces estos sufren más que aquellos. O sea, se ven obligados a estar bajo una continua presión negativa por parte de los alumnos, donde su egoísmo salvaje, que no está limitado por ningún marco, se dirige hacia los maestros. Cada estudiante intenta demostrar su asertividad e independencia. Es importante intentar transmitir los principios del método integral a profesores, maestros y educadores, así podrán reconocer el beneficio que implica, y les permitirá trabajar en forma normal con los niños.

Hoy día, el trabajo del maestro es muy complicado, e incluso diría que se trata de una profesión peligrosa, donde se está expuesto a una continua presión. Podríamos también catalogar este trabajo como "nocivo". Para el educador, estar 45 minutos en la clase con los alumnos, implica mucho sufrimiento y una gran presión. Por eso, debemos desarrollar herramientas auxiliares sistemáticas en colaboración con los maestros, para que ellos entiendan que nosotros, principalmente nos preocupamos del ambiente en la clase, incluso, sin llegar aún a cambiar la propia clase.

En la situación actual no es posible llevar a cabo debates integrales, porque terminarán en gritos de ambas partes, malas palabras, chistes, peleas, y vaya a saber qué cosas. Es por eso que hoy en día, el maestro debe mantener a los alumnos sentados, retenerlos de alguna manera, frenarlos. Y así, los pobres estudiantes están sentados cada uno en su lugar, esperando que se termine la clase.

La transición hacia el nuevo método debe ocurrir paulatinamente. Poco a poco los maestros estarán de acuerdo en aceptarlo, porque ellos ven, ya ahora, que el sistema actual no tendrá cabida en la próxima generación.

¿Cómo renunciar a los instintos nocivos?

La persona que adopta un patrón negativo como el alcoholismo, le sucede una de dos: o se destruye a sí mismo o se transforma. En realidad, toda la humanidad va ahora por ese camino. La preparación y los cursos de la Sabiduría de la Conexión brindan al individuo herramientas que le ayudarán a evitar la autodestrucción. ¿El punto de inflexión puede ocurrir en medio del proceso o sólo al final?

Existe en el hombre una cualidad llamada empatía. Si a una persona que comienza un camino corrupto, por ejemplo el consumo de drogas, se le muestra otra persona que está al borde de la muerte por la drogadicción, pienso que le afectará mucho, independientemente a si desea o no abandonar las drogas.

Si llevamos a un grupo de gente a recorrer la sala de enfermos de cáncer, podrán ver lo que produce el hecho de fumar. Yo personalmente soy un fumador, pienso que de forma bastante equilibrada, pero de todas maneras, fumo. No tengo ninguna duda, que si en su momento me hubiera encontrado con enfermos terminales, me hubiese impresionado. Y si me hubiera encontrado dentro de un entorno que condena el acto de fumar, no tengo dudas, que me habrían disuadido de seguir fumando. Todo depende de la medida en que podemos recibir del entorno ese agregado que me falta para salir de este estado intermedio, donde aún siento placer, y no me he destruido completamente.

Para esto necesito un entorno serio. Y ese entorno puede ser el público, el grupo, o la clase donde estudio. Sabemos que si la opinión pública de una clase va tras alguna moda o acepta determinados valores, no hay opción, todos la seguimos.

El fenómeno del "rebaño" es típico del hombre, porque siempre se mide a sí mismo con respecto a los demás. No puede permitirse ser mejor o peor a los demás. Es importante para él su imagen ante los ojos de la sociedad, sin importar si es positivo o negativo. Si creamos un estándar socialmente positivo, todos se sentirán obligados a obedecerlo. Así nos curamos.

La publicidad es la culpable

En la actualidad, es aceptable tomar un préstamo del banco y luego pensar cómo devolverlo, en realidad no hay de dónde devolverlo. ¿Cómo podemos mostrarle a ese hombre que aún no está en la ruina y aún no entró en la cárcel, que no le conviene actuar de ese modo?

Para esto, no sólo el hombre debe cambiar sino la sociedad entera, la industria y nuestra visión del mundo. Ese cambio depende en gran medida de los medios de comunicación, del entorno, comenzando por el círculo más cercano y hasta el entorno general más lejano.

Los dueños de los canales de televisión se dedican a la propaganda masiva de productos para que los adquiramos, y cuanto más, mejor, incluso a crédito. Hoy día dan créditos sin reparo. Los bancos tienen interés de dar créditos, porque concentran en sus manos las industrias, de modo que después pueden tomar de la gente todo lo que tengan para cubrir el crédito. O sea, es una gigantesca máquina que succiona del hombre los pocos recursos que le quedan.

Si pudiéramos cortar esta cadena, y promulgar una ley contra el lavado de cerebro masivo de los medios de comunicación; si prohibiésemos cualquier tipo de propaganda, de manera que nuestros medios de comunicación estén libres de ellas, ¿cómo sobrevivirían los capitalistas? Debemos comprender que todo lo que ellos publican sólo causa daño. Porque el propio individuo sabe qué necesita, y no hace falta saber qué no necesita. Es preferible que tenga pocas cosas útiles, en vez de muchas cosas nocivas.

Por lo tanto, se presenta aquí un gran problema. Yo espero que la crisis que estamos viviendo hoy, influya en un cambio de percepción por parte de la sociedad y "borre" en la humanidad la posibilidad de pensar que debemos comprar más y más cada año, aumentar el producto nacional bruto y perseguir ganancias.

La ganancia debe ser interna, en el bienestar interior. Si produzco 20 tipos de yogurt en lugar de 10, no voy a sentirme mejor. Esto sólo aumentará los problemas y mi sentimiento de compromiso, cuando en realidad, no tengo claro ante quien estoy comprometido.

Captación ilimitada de información

¿En qué medida la información realmente beneficia al hombre, y en qué medida le perjudica?

La persona que aprenda a observar correctamente al mundo y a la naturaleza, captará fácilmente toda información, porque la asociará continuamente a un cuadro global general. Y por eso, no tendrá ningún problema con el caudal de información.

Supongamos que un individuo lee y "traga" a diario una gran cantidad de información sobre diferentes temas, tales como problemas de la sociedad moderna, ciencia, economía, etc. Paralelamente, su principal tarea es la de combinar la información en una imagen homogénea del mundo. Él debe pensar cómo se puede ver en toda esa información la revelación de la única ley, la aspiración de las diversas fuerzas egoístas, el conectarse a la única fuerza altruista y asemejarse a la naturaleza. El hombre debe tratar de ver cómo van cambiando hoy la sociedad y el individuo, que forzosamente deben llegar a una integración bajo la influencia de fuerzas negativas llamadas en nuestro mundo "crisis". Este punto de vista, permite al hombre captar mucha información, que le completará la imagen general, y entrará en la armonía universal.

Por ejemplo, si escuchas una sinfonía y sientes que faltan ciertos instrumentos musicales en la orquesta. Tú, como experto, percibes que algo está faltando, y te sientes mal por eso. Cuando se agrega el instrumento, se completa la pieza musical y se crea la armonía.

Por lo tanto, no hay aquí nada complicado. El hombre puede ser realmente como una enciclopedia. Es capaz de absorber en su interior toda la información que existe en la naturaleza. Lo importante es que la información se convierta en su interior en una sola imagen. Y así, cuanta más información reciba, ésta será más deseable para él y la captará más fácilmente. Llenará sus espacios vacíos internos, que los sentía como carencia, como una falta de integridad.

Supongamos que estoy viendo el noticiero y recibo información sobre las elecciones en un país determinado: quién ganó, quién perdió, etc. ¿Cómo puedo transformar esta información en una información integral, que complete la imagen general?

Uno puede simplemente deducir de esto, que la sociedad está dividida y no ve en el sistema democrático o en la falta de democracia, que en realidad es lo mismo, un sistema de gobierno corrupto. Y no sólo en ese país, sino también en el resto de los países. La incapacidad de llegar a un entendimiento en común respecto a dónde estamos parados y hacia dónde debemos avanzar, indica una falta de conexión entre las personas en la sociedad. Describiremos una situación en la cual muchas sociedades se encuentran por fuerza mayor bajo un mismo territorio, bajo un mismo techo, y que también la dividen ahora en muchísimos partidos y estructuras mafiosas. Por supuesto, cada uno desea aumentar su influencia a costa de los otros, sacar más partido del pastel en común, no importa si es en beneficio o perjuicio de los demás. Es decir, cada uno se preocupa de sus propios intereses.

¿Es esto, acaso, llamado democracia, cuando estoy pensando solamente como vencer y aplastar a los demás, y todos los otros piensan también de la misma forma? Después de todo, no estamos unidos bajo una idea común, cada uno tiene su propia manera de pensar. ¿Qué tipo de gobierno podemos tener si está basado en las luchas de poder? ¿A esto llamamos democracia?

Sólo puede haber democracia cuando el pueblo cuenta con el

conocimiento y entendimiento del próximo paso. Y esta próxima etapa, no es lo que cada partido se imagina, sino lo que nos conduce a una unión con la naturaleza, a una sociedad integral.

El programa de todos los partidos debe ser el estudio de la sociedad integral. A este estudio se debe conducir a todas las personas. Entonces, nos sentiremos tranquilos y llegaremos a un estado óptimo en salud, en los estudios, en la vida familiar, y en todo, porque este estado será compatible con la naturaleza.

Debemos concluir con que esta es nuestra meta, la enseñanza de la sociedad integral. Nuestra situación presente es mala, todos comprenden esto de manera casi idéntica. Entonces, ¿cómo podemos conseguir este objetivo?, ¿cómo podemos acercarnos a ello lo máximo posible?, ¿con qué contamos para poder hacerlo?, ¿en qué teorías podemos basarnos? Con estas preguntas, ya podemos trabajar en forma creativa unos con otros, y completarnos unos a los otros. Ciertamente discutiremos, pero el objetivo debe ser justamente este, y debemos trabajar para conseguirlo. Si no actuamos así, el país se destruirá. La política separatista del gobierno en todas las áreas sociales y las relaciones entre el estado y otros estados, contribuye mucho a todo eso.

Monarquía o democracia
¿Preguntas sobre la sociedad integral o sucesos y noticias de actualidad pueden ser usados como temas de debate en las clases de la Sabiduría de la Conexión?

Depende del grupo de personas, de la medida de preparación que tienen, de su nivel de madurez, de las herramientas que puedan portar para analizar y sintetizar sus conocimientos, las relaciones entre ellos, hasta cuánto pueden elevarse por encima de sí mismos, desconectarse de los intereses propios y mirar las cosas en forma objetiva. Pero en general, sin duda, tenemos que aclarar preguntas de este tipo. Debemos abrir la democracia ante todos de una forma esclarecida, y mostrar hasta cuánto la democracia como la conocemos hoy día es una estructura completamente egoísta, de la cual no podemos estar orgullosos.

Anteriormente había un solo rey, un solo hombre que todos acataban su voluntad, sin importar cuán inteligente o tonto fuera. Pero de todos modos, en el gobierno había una sola persona. Y ahora, el gobierno se divide en muchos partidos, que quieren "tragarse" unos a otros. No es el parlamento que aspiramos.

En otras épocas, los científicos y los filósofos dirigían al pueblo. Por lo menos tenían valores y servían como asesores del rey. El rey contaba con ejército y tesoros, y para dirigirlos se apoyaba en algunos sabios consejeros. Todo estaba bajo un sólo mando. El rey no tenía a quien robar, todo era suyo. Y para tomar decisiones, acudía a estos asesores. Era mucho más fácil y sencillo, no robaban del tesoro, y los errores eran mínimos. Sí había pequeñas disputas y entretelones, pero eran mínimos. Por eso, el régimen era mucho más estable y se mantuvo durante generaciones, comparado con el parlamento de hoy.

La libertad que existe hoy en día, es la libertad de la responsabilidad. Y entender el concepto de libertad es un gran problema.

La llama escondida

En las personas existe una brecha entre la imagen de la vida ideal y la vida real. La mayoría de ellas creen que existe una vida hermosa pero irreal, imposible de alcanzar, y la vida normal. ¿Cómo se puede superar el hecho de que el hombre no cree en absoluto que puede vivir mejor de lo que vive ahora?

Durante varias generaciones presionaron al hombre tanto, lo limitaron y lo convirtieron en esclavo, hasta que simplemente, le arrancaron radicalmente la fe de que se puede vivir de manera diferente. Todos los gobernantes y todos los sistemas se ocuparon de una sola cosa: cómo convertir a un ciudadano normal en un esclavo anormal. Por eso, en la actualidad vemos una sociedad destruida. El hombre se ha formado en un marco muy complicado que lo mantiene presionado. Sin embargo, el hombre moderno tiene una percepción extraordinaria de la ciencia, la unión, la comprensión de cosas nuevas. Está siempre a la búsqueda de la esencia, del yo, de la individualidad. Existe dentro de él un fuego interior secreto, solo que ahora, el hombre simple levantó los brazos. Por eso, como resultado de una amplia diseminación de la idea de la Sabiduría de la Conexión, las personas entenderán rápidamente el futuro integral del mundo y comenzarán a adaptarse a él.

Esto es lo que sucederá

¿En qué se basa usted para asegurar que de todos modos la Sabiduría de la Conexión ayudará a las personas a vincularse correctamente? Desde afuera pareciera como algo imaginario.

Yo me baso en una sola cosa: la naturaleza nos lo exigirá a todos. Y nosotros, con nuestra experiencia, queremos presentar el método antes de que se produzcan las grandes pérdidas que se avecinan. Nosotros deseamos sólo el bien de las personas, y pretendemos presentarles delicadamente el objetivo que la naturaleza nos presenta. No hace falta que lleguemos a esa meta bajo terribles presiones por parte de la naturaleza ni bajo la influencia de grandes problemas ecológicos, guerras mundiales, etc., sino con "pequeñas pérdidas" o sin ningún tipo de sufrimiento. Depende de la medida en que entendamos que no tenemos otra alternativa.

Yo creo en el éxito de esta idea, porque procede de la naturaleza y no del hombre. Pero de todas formas, la naturaleza nos obligará a alcanzar este objetivo. Por lo tanto, intentemos suavizar, por medio de nuestra mente, esas fuerzas evolutivas que nos empujan despiadadamente hacia adelante, y entonces, lograremos el propósito de la naturaleza de una forma más sutil. Es preferible aterrizar suavemente en el nuevo campo integral de la armonía.

Capítulo 6
Se siente el amor en el aire

Principios del capítulo
- Cómo conectarse emocionalmente en la Sabiduría de la Conexión
- La importancia de la conexión entre las personas sobreponiéndose al ego
- Nosotros debemos llegar a la necesidad de conexión - por elección y conscientemente
- A qué debe aspirar una nueva pareja

Conectarse a nivel emocional
El objetivo de la parte psicológica del curso de la Sabiduría de la Conexión es enseñar a las personas a conectarse entre sí, escucharse mutuamente y crear una conexión profunda y válida entre ellos. ¿Cómo hacerlo?

Tenemos que entender cuál es la esencia de la conexión entre las personas. ¿Para qué conviven juntas las personas? Supongamos que como pareja se gustan físicamente, concuerdan fisiológicamente, y mientras se sientan cómodos el uno con el otro, permanecen juntos. Pero cuando tienen un niño, la situación ya es diferente - tienen un niño en común, "en el centro", que los une. Por eso se dice, si no se tienen hijos, no es familia. Cuando una persona entra en contacto con otras, debe ver claramente que tiene algo en común con ellos, algo que los une. La idea no es solamente que haya entre ellos un punto de contacto común, sino también un plano en común a nivel emocional, fisiológico, físico, social y cultural, de forma que ellos no sólo estén en contacto entre sí, sino que supuestamente se "envistan" uno en el otro. Cada uno constituye una especie de "círculo" y cuanto más se "enviste" en el "círculo" del otro, la relación podrá ser más profunda y más variada.

En primer lugar debe entenderse que en nuestros días, cuando hay una relación entre dos personas, entre los dos "círculos" personales, estos círculos no se tocan entre sí, ya que el egoísmo de cada uno crece hasta el estado final, y lo que entra en mi círculo, no entra en ningún otro. Me siento tan especial como persona, como un egoísta, al punto que ni siquiera considero al otro como quien posee también una personalidad con intereses y necesidades propias. Esta persona para mí no significa más que un objeto de consumo. Si me interesa esta persona, me contacto con ella, pero no como una persona que posee su propia personalidad, sus ámbitos de interés y un mundo interior propio, sino que lo hago como un consumidor que crea una conexión con una fuente de consumo, nada más.

Esta es la forma en que nos conectamos con los demás. Y es muy cómodo para nosotros. Todos tienen un teléfono móvil y una computadora propia, nos escondemos detrás de esto y de esta forma establecemos nuestra distancia uno del otro. La conexión se produce de manera virtual, sin que nos conectemos emocionalmente a ninguno de los círculos. Nos inventamos un nuevo idioma, escondiéndonos detrás de identidades prestadas. Me presento en el internet de manera muy diferente a lo que soy realmente, presento diferentes caras en lugar de mi verdadero rostro, y firmo con seudónimos falsos. Es decir, las personas juegan, no se abren a los demás. Y el egoísmo fluye en este juego porque es muy cómodo. De esta manera nos inventamos nuevos códigos de conducta, nuevas leyes, y demás.

Nuestra tarea principal es identificar aquellos puntos en común entre las personas, y no sólo entre dos personas, sino entre todas, ya que se trata de una sociedad integral; que hacia ella nos empuja la naturaleza, ya sea por sufrimientos o bien por reconocimiento voluntario y con el anhelo consciente por el estado iluminado de la humanidad.

Por lo tanto, después de identificar lo que hay en común entre nosotros, ya podremos conectarnos a un nivel emocional. Dejaremos de escondernos, y en cambio trataremos de descubrirnos a nosotros mismos. Cada uno expresará su "yo" interior y lo establecerá por encima de la forma de su "yo" exterior, por encima del nombre personal, por encima de su apellido, por sobre su propia singularidad, por encima de sus hábitos externos, sobre su idioma y todo lo restante. Mi mundo emocional trascenderá por encima de mi condición física normal, la cual me ha dado la naturaleza. Eso es lo que tenemos que desarrollar en la persona.

Para ello tenemos que mostrar a la gente que al conectarnos mutuamente, adhiriendo los circuitos privados uno al otro, con una "soldadura" entre ellos a fin de que sea un sólo mecanismo, nosotros no nos convertimos en robots, ni nos exponemos para recibir ningún golpe de nadie. No obstante, lo hacemos para que en nuestro movimiento integral y homogéneo, nos parezcamos al mismo mecanismo analógico uniforme, consigamos un propósito especial; y así concebiremos algo nuevo, al igual que una pareja que se une para engendrar hijos.

Pero aquí todos procreamos juntos, creamos un nuevo estado en la humanidad, en el que no necesitaremos escondernos, luchar, arrebatar de los otros para elevarnos a costa de ellos, sino que nuestro ascenso será compartido en torno a ese mismo" hijo en común" que todos criaremos, cuidaremos juntos su desarrollo y nutrición.

Nacimiento del estado de "Humano"

El nuevo estado de la sociedad integral se caracteriza por algo que aparece entre nosotros, sobre nosotros, por así decir fuera de nosotros, cuando nos elevamos por encima de nuestro nivel "animal", al siguiente nivel, llamado nivel "humano", cierta forma colectiva que nos incluye a todos.

Y ahora, a pesar del egoísmo que se encuentra en nosotros como fuerza de separación y rechazo, tenemos que superarlo. No eliminarlo, sino más bien utilizarlo para ascender. Porque si no existe entre nosotros una fuerza de rechazo mutuo, no tendremos nada que nos impulse a superarla. Precisamente por medio de la elevación sobre él, nos conectamos.

Aunque nos parezca que nuestra separación egoísta nos perjudica, en realidad está de nuestro lado. Nos obliga a elevarnos por encima de nosotros mismos, por encima de nuestro nivel animal, por encima de la forma de desarrollo egoísta, que está finalizando en nuestros días. La llamamos "animal", ya que se desarrolla en nosotros de manera instintiva e inconsciente, al igual que las etapas de desarrollo anteriores que pasamos a través del proceso de evolución.

Ahora llega la siguiente etapa del desarrollo humano, la fase de desarrollo cognitivo, en la cual descubrimos en nuestro interior el estado del "humano" universal. Debemos crear este estado, cuando trascendemos por encima del egoísmo, nos conectamos entre sí, "nos acoplamos" entre sí y formamos juntos un único mecanismo, en el cual nos integramos. El egoísmo nos ayuda en este proceso, y debemos tratarlo correctamente.

Imaginemos una familia correctamente formada, con dos adultos responsables, con un alto nivel de conciencia, donde también comprenden las diferencias entre sí y también la oportunidad de crear un área en común en el que "se visten" uno en el otro. Esa misma "vestimenta" mutuo, esa misma parte que es compartida entre ellos, se denomina "familia". El estado ideal es cuando los dos círculos se acoplan entre sí en un estado completo.

Pero nosotros no sólo "nos envestimos" en el nivel animal, sino que nos elevamos al estado de "humano", a la creación de algo que se encuentra "en el centro", entre nosotros, como resultado de nuestros esfuerzos. "Envestirse uno en el otro" no significa que alguien presiona al otro o que ambos desaparezcan. Sino que se crea aquí una tercera entidad, que se encuentra en el centro y comprende a los otros dos, desde su anhelo de estar juntos a pesar de la oposición del egoísmo. Esto no es simple. Necesitaremos describir, y tratar de conducir a la persona de manera emocional.

La Sabiduría de la Conexión se reduce a que nosotros descubramos en el hombre ese mismo tercer estado. El mismo está oculto en lo profundo de nuestro interior, en forma de embrión, pero debemos rescatarlo de nuestro interior de manera consciente, y llegar a él.

En el proceso de evolución nos desarrollamos a partir de una naturaleza inanimada en vegetal y animal. Hoy en día, no hay ninguna diferencia entre el hombre y los animales, excepto el hecho de que el hombre desarrolló la ciencia, la tecnología y la cultura. Y la integralidad habla de un nivel de conciencia diferente, de sentimiento, de la infiltración al fondo de la naturaleza. Y habla sobre la opción de concebir en nuestro interior el estado de "humano", que nunca existió en nosotros. Cada uno de nosotros tiene sólo una pequeña porción de ese mismo estado universal, al que tenemos que llegar después que recojamos juntos todas esas pequeñas partículas.

¿Qué debe hacer el hombre para llegar a ese estado general?

Nos desconectamos por un momento de nuestra realidad, y nos imaginamos a nosotros mismos en una sociedad ideal, tal vez hasta de manera utópica. Después de imaginarnos esa sociedad ideal, debemos expresar nuestras mejores aspiraciones y pensar: ¿acaso es posible llegar a ella considerando nuestra naturaleza? ¿Por qué la naturaleza nos ha creado de una forma tan opuesta a ese gran estado íntegro? Si lo pensamos bien, pareciera que lo que nos lleva a la sensación de equilibrio y tranquilidad, no es la presión mutua ni la competencia en el mejor sentido de la palabra, sino la ayuda mutua, de deseo y conciencia. No hay duda de que si la humanidad hubiese actuado con el principio de la reciprocidad, la sociedad habría sido diferente.

Préstenme el atributo de amor

¿Por qué la naturaleza nos ha creado de una forma tan opuesta a ese estado íntegro? Si es la misma naturaleza la que constituye un sistema completo, perfecto, que todo lo que posee está relacionado en una conexión y apoyo mutuo y en homeostasis. ¿Por qué todavía, a pesar de eso, necesitamos del ego destructivo?

Todos sabemos que el ego es malo, que esa es la realidad y no hay nada que hacer con ella. El trabajo de sociólogos, politólogos, y psicólogos -todos aquellos profesionales que trabajan con el hombre y la sociedad-, se refieren a nuestra naturaleza egoísta, y tratan de dar soluciones para compensar la influencia destructiva del ego. Sin embargo, en la Sabiduría de la Conexión no se trata de una indemnización, como se acostumbra en nuestro grado mundano, sino que tenemos que convertir al ego en una ayuda, es decir, reconocer la naturaleza del ego y cómo nos puede ayudar en nuestro desarrollo.

Por naturaleza queremos satisfacernos a través de los demás, como una madre que siente satisfacción de su hijo. Para la madre, el niño es alguien del cual recibe placer. La madre es conducida por la naturaleza egoísta. Ella no puede separarse del niño ni por un momento, y de esta forma se expresa su preocupación por sí misma, en relación a su propio placer. Y por eso mismo no puede quitar su vista de él. Si la desconectáramos de ese centro de placer, no hay duda de que en ese mismo momento ella pasaría a otra cosa que le dé placer, porque su hijo tan cercano a ella, que significaba todo para ella desde su nacimiento, de repente sale de su enfoque. A partir de este sencillo ejemplo, vemos que el ego de una persona, en este caso, de la madre, recibe placer y una gran satisfacción en ocuparse de los demás, en dar a los demás, y cuidar a los demás.

Si es así, ¿por qué no podemos tratar a los demás de la misma manera, y sentir una satisfacción infinita? Cuando podamos integrarnos a esos deseos, pensamientos y sentimientos extraños, adjuntarlos a nosotros mismos y tratarlos a ellos con amor, siendo parte de ellos, comenzaremos a sentir una inmensa oportunidad, infinita, de placer, que no estará limitada por nada ni nadie. Yo soy el que da, el que se ocupa, el que participa, y por lo tanto, siento satisfacción.

Lo más importante para nosotros es la satisfacción. Existimos solamente para eso. El sentimiento de vida es la sensación de satisfacción. Aunque cada vez la satisfacción sea a través de otra cosa, pero el principio es el de satisfacerse. Éste constituye en nosotros una especie de contenido físico, moral y espiritual. Se puede describir esa sensación de satisfacción como una estimulación de corrientes de información interna, de corrientes eléctricas o reacciones químicas, que sentimos como nuestro llenado.

Como hemos mencionado anteriormente, sólo nos hace falta tener una actitud correcta entre nosotros, ese mismo amor, como el amor de madre a hijo. ¿Dónde podemos encontrar ese atributo? Si pudiera llegar a cualquier estación de servicio y pedir "sustituir mi ego, y en su lugar recibir el 10% de amor"; y allí me llenarían con ese atributo de amor, en vez de atributos de codicia, de odio, pudiendo relacionarme de manera diferente con cada uno. Y por lo menos estaría satisfecho y feliz con ese 10%.

Entonces no me importaría qué tipo de personas se encuentran a mi lado, lo más importante es que dejo de verlos como mis adversarios, dejo de sentir odio hacia ellos, miedos, tensiones. Estas emociones van cambiando gradualmente por emociones más agradables y más tranquilas, y tratando más generosamente a todos aquellos que me rodean, de esta forma llego a un estado de tranquilidad y equilibrio.

Ni siquiera nos imaginamos este estado de amor, tal vez sólo con nuestros hijos. Pero en nuestro mundo egoísta, incluso cuando estamos con el niño, constantemente tenemos que luchar contra todo el mundo para protegerlo de problemas y de diferentes amenazas.

El problema de cambiar nuestra actitud frente a los que nos rodean es sólo un problema psicológico, que puede ser resuelto con ayuda de prácticas psicológicas. Se sabe que el hombre es producto del entorno. Si pudiéramos cambiar nuestro entorno egoísta por un entorno artificial, que establezca objetivos precisos a las personas tratando de desarrollar un campo de amor y reciprocidad mutua, -paralelamente al proceso de desarrollo del ego, que se repite continuamente y es dictado a través de la naturaleza-, con este entorno empezaríamos a entender que la realización del principio "ama a tu prójimo como a ti mismo" es el propósito de existencia de la humanidad.

Coerción o reconocimiento

En realidad, la frase "Ama a tu prójimo como a ti mismo", escrita en la biblia, no habla del pasado ni del presente. Incluso las religiones abandonaron este propósito hace tiempo, ya que reconocieron que no es aplicable y comenzaron a ocuparse de problemas cotidianos, ayudar a la gente, protegerlos, animarlos psicológicamente, no más que eso.

Pero en nuestros días vemos que la naturaleza nos obliga a llegar a un estado en el cual podamos vivir de acuerdo a esa regla "Ama a tu prójimo como a ti mismo". Es decir, que es necesario explicarnos a nosotros mismos, y a todo el mundo, que podremos comenzar a efectuar un cambio en la persona mediante la influencia de los medios de comunicación, influencia en el entorno y en la sociedad.

No basta con utilizar palabras adecuadas y establecer metas correctas, si no se adhiere a ellas la educación de las personas. Pero no a través de la coerción. La persona no tiene que vivir con miedo o vivir bajo la amenaza de extinción. El cambio en el hombre debe producirse a través del conocimiento. El conocimiento llegará por medio de una sensación de crisis que no habrá manera de salir de ella.

Hoy en día todo el mundo necesita este cambio, porque no hay otra salida de nuestra condición. En el peor de los casos son previstas guerras mundiales y aniquilación mutua. Después de todo, ¿a qué otra cosa puede llevarnos el ego? Entendemos que sólo a eso. Por lo tanto, o que nuestra próxima estructura social sea el nazismo, el fascismo, la aniquilación mutua, o que sea por un movimiento consciente dirigido hacia adelante, mientras que nosotros mismos creamos un nuevo nivel, es decir, nos ocupamos de la auto-educación.

Formación del entorno que me cambie

Hoy en día se requiere de nosotros la obligación de preparar a la gente para un nuevo mundo, igual a como preparamos a nuestros hijos pequeños para nuestro mundo. Por eso estamos obligados, en contra de nuestro ego, a jugar en un mundo nuevo como juega un niño pequeño. Es decir, que debemos describir este nuevo mundo de manera artificial.

Es evidente que con esto nos mentimos a nosotros mismos. Sí, me estoy mintiendo a mí mismo, porque mi egoísmo interior me obliga a tomar todo lo que está a mi alcance. Pero yo debo ser diferente, porque de lo contrario no podré subir hacia el próximo nivel, al nivel del hombre integral, al nivel de "humano". Yo puedo subir a este nivel solamente con ayuda del entorno, el cual debo crear con mis propias manos. Resulta que, al final, debo investigar quién es la nueva humanidad, qué es lo que puede llevarme a ella, qué entorno necesito para que pueda influir sobre mí. ¿Cómo puedo crear un entorno para que yo pueda cambiar por mí mismo? Este proceso de investigación, supuestamente me motiva para que me eleve por mis propios méritos, me hace crecer. Me lleva a detectar y a reconocer todas las fuerzas de la naturaleza que yo debería cambiar, o, alternativamente, aquellas fuerzas que debo utilizar para el propio cambio.

La ocupación en el proceso de crear una nueva sociedad, eleva al hombre al grado más alto de su naturaleza. Empieza a entender todo el mecanismo de su propio desarrollo. Comprende de manera más profunda la mecanización que actúa sobre ese proceso evolutivo. Se eleva al nivel del mismo Creador y se cambia a sí mismo. El hombre se convierte en su propio y perfecto psicólogo. Por eso, en nuestro estado actual, la psicología es la ciencia que más se necesita. Debemos estudiar la psicología del hombre y de la sociedad, para aprender qué es la libre elección, estudiar acerca de las fuerzas que actúan sobre nosotros y con su ayuda poder influir sobre nosotros mismos. Es decir, tenemos que entender qué tipo de sociedad necesitamos para poder producir un cambio en nosotros. Tenemos que analizarnos a nosotros mismos, a nuestras cualidades internas, tanto personales como sociales, a los distintos tipos de relaciones, de acuerdo a la mentalidad, hábitos y diferentes estilos, y de acuerdo a esto establecer una influencia externa, integral, para toda la humanidad.

Este trabajo es muy difícil, pero es muy respetable, porque nos permite avanzar a convertirnos en un "humano". Necesitamos crear un sistema enorme, y para eso necesitaremos del esfuerzo de muchas personas, de todos aquellos participantes que aplican estos procesos en ellos mismos, los estudian, se oponen, debaten, y con todo eso, tratan de obtener resultados. En este trabajo debe participar toda la humanidad, realmente todos, desde el más pequeño hasta el más grande. De esto debe ocuparse el hombre por largo tiempo.

Si queremos elevarnos a un próximo grado de desarrollo, al grado de la imagen integral llamada "humano", debemos entregarnos a esto totalmente y dedicarnos al cuidado de las necesidades del cuerpo sólo en la medida necesaria, para que este "animal" siga existiendo con comodidad y no nos interfiera para llegar a convertirnos en "humano".

La condición humana actual, a la luz de la crisis y el aumento de desempleo, nos lleva a ocuparnos de la integridad involuntariamente. Miles de millones pronto estarán desempleados, y en consecuencia quedarían sólo las empresas necesarias para la producción de alimentos, ropa, casas, etc. Es decir, todo sucederá de acuerdo a las cantidades necesarias que proporcionen una existencia elemental normal. En las fábricas trabajará un número limitado de personas o todos trabajarán poco. Sin embargo, tanto los empleados como los desempleados tendrán que aprender a participar en el marco de la Sabiduría de la Conexión.

De esta manera la humanidad liberará muchos recursos egoístas que anteriormente estaban asignados para la producción en exceso. Y así, en un proceso gradual, comenzarían a participar en la creación de esa siguiente etapa, la creación de una sociedad integral. No podremos escaparnos de esto. Debemos llegar a ello gradualmente, porque sólo el avance en esta dirección moderará el estado amenazante que puede derivar en una guerra mundial.

Moda durante el período de transición

No imagino a las personas renunciando al exceso de producción, ¿cómo ocurrirá eso?

No renunciarán a ello. El medio ambiente debe influir en la persona de tal manera que simplemente deje de ocuparse en ese consumo innecesario. Así como un adulto no juega con juegos de niños, sino que se interesa por algo más elevado, así también resultará en este caso. Involuntariamente, comenzaremos a ocuparnos de cosas más importantes y más satisfactorias.

Mientras la persona vaya cambiando, requerirá una satisfacción superior. Estará menos interesada en la compra de un coche moderno y ropa de moda. Todo esto sucederá de manera natural. El hombre de repente descubrirá que está consumiendo menos. Como un científico inmerso en su trabajo siente satisfacción por estar ocupado en sus fórmulas, entonces no le importa qué comer o qué vestir. Esto sucede en cualquier persona inmersa en algo importante que le causa satisfacción y placer.

Hoy en día existe una tendencia entre la gente de cultura y de otros círculos, de extremar la falta de preocupación por los asuntos mundanos. Ellos tratan de demostrar que supuestamente se encuentran más allá de nuestro mundo material, y esto se manifiesta a través de una imagen descuidada y contentándose con poco en su vida cotidiana. Hay en esto una forma de demostrar que hay otras preocupaciones, superioridades, otros intereses, y qué tengo que ver yo con el smoking y el moño. La moda de los vaqueros rotos que se formó, al parecer implica un deseo interno de otra cosa y desprecio de lo superficial. Tatuajes, anillos, pendientes en distintas partes, todos estos no son deseos decorativos, sino un intento de expresar el estado interno a través de imágenes externas.

Estos fenómenos aparecen en el período de transición, y realmente entendemos la falta de sentido y la inutilidad de estas tentativas. No obstante, pueden verse estos fenómenos como un buen ejemplo de influencia del entorno en la personalidad, en la moda, que desaparecerá únicamente como resultado de la crisis o como resultado de una elevación de nivel en nuestro desarrollo.

El futuro está en la integración

Supongamos que después de cierta preparación de un grupo de diez personas, éstas comiencen a debatir sobre la estructura de una futura sociedad, integral, y a continuación empiecen a averiguar cuáles de sus atributos impiden crear ese tipo de sociedad. ¿Qué ocurriría?

En primer lugar, hubiese escogido un centenar de personas que representen un corte transversal de la sociedad de arriba a abajo. Editaría una serie de preguntas, encuestas y debates compartidos. Y prestaría una especial atención a científicos que participan en este tipo de foros, para recibir sus ejemplos basados en la investigación, que puedan reforzar y demostrar la exigente condición de la naturaleza que nos obliga a llegar a un estado de integración.

Ante todo, debemos entender que no tenemos otra opción. Debemos llegar a este estado, y existen dos maneras de hacerlo - de manera involuntaria, por "medio de sufrimientos", o conscientemente, por un camino corto y más placentero.

El "camino de sufrimientos" significa dolor y guerras. En última instancia, el sufrimiento debe ser tan grande, hasta el punto que renunciaría a mi ego por voluntad propia. Pero este desarrollo no es consciente, y el ego que fue creciendo dificultará este camino cada vez más. Es decir, tendré que pasar por una vida terrible, y tal vez también mis padres y mis hijos, durante varias generaciones con grandes sufrimientos, hasta que la humanidad comprenda que tiene que cambiar su naturaleza y ser integral.

Este es el camino que tendremos que pasar si avanzamos a través de la fuerza obligatoria de la naturaleza. Y los científicos tienen que mostrar a través de ejemplos, mediante sus propias experiencias, que la necesidad de la integralidad es la ley de la naturaleza, y no podemos escapar de ella. Esta ley se realiza en nosotros cada día con más y más fuerza. Su movimiento es efectuado aceleradamente. Por lo tanto, no debemos atrasarnos en nuestro desarrollo y esperar que nuestros hijos realicen este cambio en lugar de nosotros. Si no nos reajustamos a nosotros mismos a una integralidad, no llegaremos a vivir los próximos años, ni siquiera en un estado soportable.

Según los científicos, una vez que cambiemos el vector de nuestro actual desarrollo a otro más adecuado, siendo éste la futura sociedad integral, sentiremos instantáneamente una mejor actitud hacia nosotros por parte de la naturaleza en todos los niveles: en el clima, en la salud, en las relaciones familiares, en problemas financieros y emocionales, etc.

Se puede presentar datos de estadísticas, tanto positivos como negativos, y comparar entre las dos sociedades: una que se empuja a sí misma a través del ego y otra, que se desarrolla de una manera integral. No es fácil simular estas dos sociedades para la investigación estadística, pero si lo hubiéramos hecho, habríamos descubierto que la naturaleza emite hacia nosotros un buen trato. Los científicos llegaron a descubrir leyes integrales de una forma práctica incluso sin grupo experimental. Por lo tanto necesitamos de la ayuda de científicos, psicólogos y sociólogos. La humanidad está evolucionando como resultado del desarrollo de la ciencia, y también en la Sabiduría de la Conexión tenemos que basarnos en las evidencias científicas, y de acuerdo a eso invertir recursos en las investigaciones científicas. Hoy en día todavía no se ha implementado. Por eso no tenemos suficientes datos, y no podemos basarnos en los números.

Existen muchas personas que "piensan de manera integral", y pueden comprender la idea general de la integralidad. La mayoría de ellos son científicos, biólogos, psicólogos y sociólogos. Debemos presentar ese concepto de una manera tangible, en números, y con ellos dirigirnos a los economistas, psicólogos, etc. Porque también entre ellos hay muchos que entienden que el futuro está en la integración absoluta.

La naturaleza es la que empuja a la persona a cambiar. Por lo tanto el individuo posee una base convincente que lo obliga a superarse. Verá el peligro que se presenta ante él, y comprenderá que si sigue comportándose de la misma manera, si la sociedad que lo rodea sigue siendo igual, la situación va a empeorar. Por lo tanto sentirá que debe cambiarse a sí mismo y a la sociedad.

Después de todo, las personas se desplazan de un lugar a otro, cambian de profesión, cambiando todo lo que está en sus manos, sólo para llegar a una situación mejor y más segura. Y nosotros les mostramos que no existe otra alternativa, que nosotros mismos tenemos que escapar. Por lo tanto, lo más importante de todo es demostrar a la persona que se trata de una orden y llamada de parte de la naturaleza, que no podemos escapar de ella.

La psicología social tiene una especie de forma de "refuerzo social", y de acuerdo a eso es suficiente decir "hola" cada vez que vemos a nuestro vecino, para ir formando buenas relaciones de vecindad.

Si yo no trabajo de esa manera, entonces el sistema universal en su conjunto acumula mi propia "deuda" con mis vecinos, y cuando la "deuda" alcanza su máximo, los vecinos podrían simplemente deshacerse de mí. ¿Conocer esta ley natural puede ayudar a la persona a formar una sociedad integral?

Por supuesto. Esta regla nos indica que todos estamos conectados de forma integral, por consiguiente debemos tener algún contacto entre todos, debemos comunicarnos entre nosotros, al menos a nivel de un "hola". Este es un buen ejemplo.

Hablamos de una integración muy singular entre los miembros de la familia. La mayoría de las personas tratan de construir lazos de amistad, por ejemplo, con las suegras, sin tener éxito. Esta relación resulta una carga para ellos, causando resentimiento. ¿Acaso sería conveniente hablar en los cursos de la Sabiduría de la Conexión que no es necesario tratar de relacionarse con las suegras, por ejemplo, porque este es otro sistema de relación?

Uno debe aprender muchas cosas, especialmente respecto a los distintos tipos de relaciones que tiene que establecer. No creo que deberíamos adoptar el modo en que los psicólogos trabajan hoy en este tema. Porque cuando llegamos al nivel integral mutuo entre nosotros, entonces el trato cortés de las personas entre sí y con los demás simplemente va formando una relación correcta, sin sentirse incómodo ni pretender ser otra cosa.

Nuestras relaciones sinceras, compartidas en común, nos introducen a un estado de mutua adaptación, parecido a la conexión que hay en un engranaje. Hay gente con la que tengo una conexión más cercana, y con algunos me conecto de forma más indirecta. No tengo que fingir ni tratar de conectarme con todos por igual.

Por lo tanto, si estoy conectado con mi pareja en una relación familiar, no debo estar conectado de la misma manera con su madre y sus parientes, porque todas estas conexiones son efectuadas únicamente a través de ella. Si no estuviera casado con ella, quizás no hubiese conocido a sus parientes. Nosotros debemos ver las relaciones familiares de una manera directa, aclararlas.

Cuando acercamos a la gente a la integralidad mutua, ellos entienden que esa misma cercanía o lejanía mutua, es el resultado de estar situados dentro de un sistema único y universal. Por eso no hay lugar para el resentimiento. Yo digo "hola" a los vecinos porque así me obliga la relación de vecindad, pero yo no estoy obligado a decir "hola" a la gente de otro edificio, incluso a aquellos que viven cerca. Es decir, justamente nuestra interacción y cercanía determinan hasta cuánto debo efectuar esa relación mutua y estar vinculado a otras personas. Y si eso es comprendido por la gente, no se sentirán obligados. Por el contrario, ellos crearán una relación como ésta u otra de forma natural, desde su interior, de acuerdo al sistema general, a la conexión general entre todos. Yo no veo allí ningún problema, eso sucederá en la persona internamente.

Cuando una pareja joven, marido y mujer, hacen planes para el futuro, sueñan cómo se verían sus vidas. ¿Acaso en un grupo de la Sabiduría de la Conexión una pareja puede debatir sobre la imagen ideal de una familia integral, de manera que cada uno agregue a esa imagen su propia visión?

Tal debate es útil. Incluso hoy en día, cuando creamos la imagen de la familia ideal, tenemos que entender nuestra naturaleza egoísta y tratarla de manera objetiva. Si yo puedo abrirme objetivamente ante mi esposa, y ella me explica desde su perspectiva quien soy yo, y viceversa, entonces desde la misma comprensión de todo lo que se nos ha dado y se nos ha ocultado de la naturaleza en nosotros, las opiniones, los hábitos y las intenciones para con los demás, trataremos de elevarnos por encima de todo eso a un sistema completamente nuevo de relaciones mutuas.

No nos quebraremos unos a otros, porque estamos creando algo nuevo y positivo para nosotros. Y todos nuestros impulsos negativos, internos, egoístas, cambiarán automáticamente al conectarnos por encima de ellos. Empezaremos a ver que si no fuera por nuestro ego, no podríamos conectarnos uno con el otro. Gracias a eso creamos por encima del ego un suplemento en común, empezamos a ver nuestro ego como nuestro socio de actividad, como un amigo, nuestro colaborador. El ego actúa supuestamente en contra de nosotros, pero en realidad, nos demuestra precisamente cuando nos oponemos a él, lo revelamos en nuestras relaciones mutuas, creamos una nueva familia, una nueva sociedad anti-egoísta.

El ego es la materia de la naturaleza que fue implantado en nosotros a propósito. ¿En qué se distingue el hombre de la bestia? Que el ego crece en uno de año en año y de generación en generación. Cuando usamos el ego, pero en dirección opuesta, entonces en vez de rechazo, creamos entre nosotros una reciprocidad, un acercamiento, en lugar del odio creamos el amor, y en eso se resume todo.

Supongamos que un hombre y una mujer en el grupo empiezan a conversar sobre el futuro integral de ellos. ¿Cómo deberían imaginarse esta imagen ideal?

Para que ellos no se imaginen una imagen integral que dependa de la abundancia material, que no son capaces de conseguirla por sí mismos, es mejor para ellos salir del principio de "con un ser querido, incluso una carpa es el paraíso". Obremos para tener nuestra propia y maravillosa "carpa".

Este es un principio psicológico brillante.

Por supuesto, no se necesita nada más. La gente verá que podrá conformarse con lo mínimo y seguirá siendo feliz. No se destruirán a sí mismos en búsqueda de una abundancia imaginaria, sino que podrán construir su felicidad inmediatamente. Para ello tienen que ser muy inteligentes. Y para eso se necesita educar a la gente seriamente, para llevarlos a un alto nivel de integralidad.

Generalmente la mayoría de las parejas llegan a ese nivel sólo siendo adultos. Se crea entre ellos un estado de entendimiento, renunciamiento y honestidad mutuos. Ellos conocen las debilidades y los hábitos del otro, y comprenden que hay cosas que no pueden cambiar en el otro, y que tampoco es necesario; y empiezan a querer las debilidades del otro. Pero todo esto viene con la edad, es decir, por el camino del sufrimiento, y hasta entonces pasan décadas, suponiendo que lograron sobrevivir sin divorcio.

Glorificación de la personalidad

Cuando le cuento a una persona sobre mi sistema de valores, y ésta escucha con atención, es una cosa. Pero cuando trato de crear junto a ella una imagen ideal, así como los comunistas que se describieron a sí mismos su futuro ideal, eso es otra cosa. El problema era que la idea del comunismo resultó estar completamente desconectada de la vida real.

En la idea comunista hacía falta una educación nacional. El movimiento ascendente al grado de "humano" está ciertamente condicionado con la completa disolución del hombre en la sociedad, pero también depende del crecimiento absoluto de la persona en su individualidad. Intentaron anular esta contradicción en los países donde el régimen era comunista, ya que no podían crear un sistema de educación y enseñanza para el pueblo, que haga que el hombre sea una personalidad con una opinión propia, que pueda realizar todas sus aptitudes. Trataron de convertirlo en un simple tornillo. "Usted no tiene cabeza, el partido piensa por usted, no tiene nada aparte de sus manos, nosotros le diremos lo que debe hacer y usted lo hará".

No es el tipo de persona que aspiramos ser. Los intentos de anular el egoísmo, borrarlo, y colocar en su lugar de manera artificial el altruismo y la abnegación, van en contra de la naturaleza. Es necesario enseñar a la persona a utilizar de manera correcta sus impulsos y motivaciones egoístas.

Esencialidad Natural
En los años 20 y 30 del siglo XX, el famoso psicólogo Lev Vygotsky, fundador de la psicología cultural - histórica, acuñó el término "zona del desarrollo próximo". Según su teoría, hay una diferencia entre el "yo" ideal, y el "yo" real. Si esta zona se hace muy grande, entonces en algún momento la conexión entre los dos sistemas se rompe, y la persona deja de comunicarse con la realidad. Aparecen el engaño y la falsedad. Esto es lo que ocurrió en Rusia. ¿Acaso ve usted el peligro que existe cuando hay una diferencia significativa entre la imagen ideal de la sociedad integral y el estado actual de las personas?

Debemos entender qué significa realmente "esencialidad natural". Si en los años 20 y 30 del siglo pasado aquellas ideas de crear una sociedad ideal eran contrarias a lo deseado, en nuestro estado actual ya son indispensables. Desde el punto de vista de Rusia en aquel entonces, que estaba destruida, pobre y oprimida, la sociedad capitalista parecía el paraíso, la sociedad occidental estaba libre, floreciente. La situación actual es diferente. Hoy en día hay dos posibilidades: la destrucción completa o un trabajo productivo integral a un nuevo nivel. Por lo tanto, insisto una vez más, debemos estimular de manera permanente este punto de comprensión en el interior del hombre, no hay otra solución.

Así también es la crisis actual en Europa, no hay otra solución. Están constantemente tratando de escaparse, posponiendo decisiones hasta otra próxima reunión y en la próxima reunión prometen pensar en una nueva solución. Pero, ciertamente, no hay nada que inventar. Nadie sabe a dónde va todo esto, porque nadie puede calcular, adivinar, los efectos negativos de esta carga y el punto de destrucción que vendrá como resultado de todo eso. No hay otro camino.

En cuanto a nuestra ruptura y desconexión, tenemos que enfrentarnos a un trabajo serio, principalmente para desarrollar la sociedad de manera gradual. Aquí existe sólo un único sistema de influencia sobre el hombre y es el medio ambiente. Sólo y únicamente el entorno - no hay nada más. Los psicólogos y sociólogos efectivamente pueden ayudar, pero sin la influencia del entorno sobre la personalidad del hombre, no va a cambiar, no recibirá ningún contenido a su vida.

La influencia del entorno es crucial para nuestro desarrollo. Cuando presto atención a los consejos de algún experto, siento por un momento que estoy listo para ponerlos en práctica de manera inmediata y tomar medidas, me lo prometo a mí mismo. Pero después, sin la fuerza motriz del medio ambiente, no consigo llegar a ponerlos en práctica. Así también aquí, si quiero llegar a una integralidad, necesito de la sociedad para que apoye esta idea. Necesito del afán de la sociedad para que me exija ponerla en práctica, con la base de mis cualidades personales: los celos, el deseo de mi propio progreso, expresarme por mi mismo, sentir vergüenza, quién soy yo en comparación con los demás y cómo me veo frente a mis hijos y parientes. Aquí se puede utilizar todos aquellos medios egoístas que existen en nuestro interior, para motivar a la persona a llegar lentamente a un sentimiento consciente de necesidad de unidad integral con los demás.

A la cabeza de esa sociedad tendrán que estar a cargo expertos, psicólogos, y luego los medios de comunicación.

Primeros pasos

La dificultad es que el ego controla totalmente la conciencia social. Cuando la psicología comenzó a desarrollarse, la trataron con desprecio, pero esta actitud fue cambiando paulatinamente. Yo espero que si diseminamos el método de educación y capacitación integral, éste será realizado prontamente debido a la ayuda de la fuerza de la naturaleza. Pero actualmente, no está claro cuál será la actitud hacia la misma.

El siguiente paso en la realización de esta idea, es una convención de un serio foro virtual de científicos y expertos en diversos campos, que entienden que la necesidad de la integralidad es una ley de la naturaleza, y que el ascenso del hombre al estado integral es la forma que requiere el siguiente nivel de la próxima evolución.

Nosotros tenemos que empezar a "empujar" ese concepto general de expertos que hablan sobre esto, basándose en sus propias investigaciones, incluyendo estudios sobre la crisis, que muestran claramente sus orígenes y resultados, y demuestran que sólo a través de la curación del egoísmo que se encuentra dentro de nosotros, podremos convertir esta crisis en un punto de ascenso, en lugar de un punto de colapso.

Cuando unamos todas las evidencias de investigaciones juntamente y podamos explicar a todo ser humano, o a un amplio círculo de personas de una sociedad, los psicólogos obtendrán luz verde para comenzar a crear el efecto deseado en los seres humanos, que se recibirá deseosa por parte de la sociedad.

Cerrar los ojos ante los defectos de la pareja
¿Acaso como psicólogo debo describir a las personas la verdadera imagen actual y explicarles que más adelante empeorará y que nosotros les ofrecemos una solución a eso?

Si se trata de conflictos familiares y resolución, es muy simple. Se pueden organizar cursos para que estudien psicología: Psicología de la personalidad, psicología de comunicación interpersonal y psicología en general.

Pero para la gente la verdad es intolerable...

Yo no estoy de acuerdo. La verdad puede ser tolerada si sé que soy así por naturaleza, me gusta mentir, robar, engañar a los demás y utilizarlas a mi favor, y yo preferiría no prestar atención a mis propios defectos, pero conscientemente puedo ver los de mi familia, los de mi esposa, etc. También ellos tienen los mismos problemas que cualquier otra persona. Tenemos que hablar sobre esto, aclararlo todo. Al margen de esto, tenemos que hacer películas y programas de televisión que muestren parejas que se exponen mutuamente, descubriéndose entre sí abiertamente y de una manera objetiva, sin vergüenza.

Estas dos entidades biológicas, ambas facultades sicológicas, viven juntas, se cuentan mutuamente lo que siente cada uno respecto a sí mismas y en relación al otro. Esta conversación les lleva, eventualmente, a una perspectiva objetiva sobre sí mismos, sobre su cónyuge y sobre lo que existe en común entre ellos. Se puede llegar a un estado máximo positivo de comprensión de que así es la naturaleza y no hay nada que hacer, y tampoco nos ayudaría de nada ofuscarnos por eso.

Esta posición, "mantenerme en lo mío", permanece en la persona, y tenemos que enseñar y aprender a elevarnos por encima de ella, ya que es imposible cambiar nuestra naturaleza. Cuando lo superamos, empezamos a ver, que todas las cosas negativas y todas nuestras carencias personales y generales se combinan entre ellas a partir de algún conflicto y se forma algo bueno. Entonces resulta que la unión entre ustedes no es casual y de esa forma ustedes se complementan uno con el otro. Por encima de todos los desacuerdos y contradicciones intentan crear un ámbito cómodo de existencia en el interior de cada uno de ustedes, y otro para su vida en común. Este ámbito, que ni siquiera pueden imaginarlo, es la nueva familia que se crea repentinamente.

Es decir, cada uno es como es y eso proviene de la naturaleza. Cada uno acepta lo que tiene su compañero, y juntos crean un acuerdo en común, elevándose por encima de sí mismos. Yo creo que es posible lograr este acuerdo en común, que está por encima del ego, al cual no tocan. Para hacerlo, no hay necesidad de cambiar el medio ambiente. Este es un trabajo normal, básico, de cada pareja.

Para la gente es fácil de aceptar, supongamos, que el fenómeno de empleados extranjeros que vinieron a trabajar al país es un fenómeno negativo. Pero, ¿cómo es posible llegar a un acuerdo en relación a algo bueno, positivo, integral?

Cuando se trata de una familia que debe llegar a un determinado acuerdo sin tener otra alternativa, de lo contrario, se separan, es una cosa. Pero cuando se trata del egoísmo que nos obliga a estar juntos, como en el caso de los trabajadores extranjeros, ya es otro asunto. Tenemos que llegar a la necesidad de una sociedad integral, cultural, física, que debe basarse en la educación.

Uno no puede vivir con alguien en un mismo departamento hasta que no consiguen entre ellos una comprensión mutua e íntegra. Pero para eso es necesaria la educación, el entendimiento mutuo, la sinceridad, el acercamiento. Sin eso sería imposible abrir los límites.

Europa abrió sus fronteras, y ahora quiere cerrarlas de nuevo. ¿Por qué? Porque durante 20 años de existencia del mercado europeo la gente no fue educada al respecto. El mercado europeo realmente se parece a un mercado, debido a que no se ocuparon de una educación adecuada, no se ocuparon de la integración de las personas. Tantas culturas, tantas lenguas, y pese a la declaración de una Europa unida, ahora sólo se está empezando a descubrir que eso es simplemente un armazón de gente que ni siquiera se aceptan unas a otras. ¿Acaso en este período fue creada la nación europea con alguna cultura en común? No. Por el contrario, las oposiciones comienzan a flotar más y más sobre la superficie.

Entonces, la educación definidamente debe venir antes de cualquier otra acción.

Capítulo 7

Ego – El material con el cual se esculpe al hombre

Principios del capítulo:
- Cómo trabajar correctamente con el ego
- Comienza a desarrollarse una nueva relación con la naturaleza que nos rodea
- Cómo convertir el egoísmo en altruismo
- La diferencia entre la psicología y la Sabiduría de la Conexión

En un tratamiento psicológico, la persona llega a la entrevista, cuenta sobre sus problemas, y de inmediato se le empieza a aclarar, todo lo que ha estado haciendo mal. De hecho, la persona toca la parte negativa, la peor de su personalidad, y luego trata de corregirla. En el método de la Sabiduría de la Conexión no se debe dar a la persona una mala impresión a través de ejemplos negativos. En tal caso, ¿de qué manera puede llegar la persona a la necesidad de cambiar su comportamiento?

La Sabiduría de la Conexión lo aborda de forma diferente - no existe el mal en el mundo. Aunque la naturaleza misma nos parezca mala, pero eso es sólo porque no la utilizamos correctamente. Si la usáramos de una manera diferente, veríamos en ella una bondad absoluta. Así también ocurre con respecto al uso del ego – podemos utilizar sus ventajas, en lugar de que nos dañe.

Si yo me opongo a mi propio ego, es decir, comienzo a investigarlo y tratarlo como un medio para elevarme por encima de él, entonces éste se convierte en mi punto de partida, y de acuerdo a esta medida me mido a mí mismo, cuánto me elevo por encima de él y cuánto voy cambiando.

Yo observo a mi ego como una esencia negativa que se me ha dado, que debo revestirla con una vestimenta apropiada, más bien con el propósito completamente opuesto a la naturaleza egoísta. Es decir, debo utilizar todo lo que se me ha concedido para otorgar, amor, conexión. Entonces el ego se convierte en mi ayudante permanente, que siempre me empuja, me despierta, me desvía, y yo en oposición constante, voy pensando cómo elevarme por encima de él. Así se convertirá en mi "ayuda en contra".

Sabemos que para desarrollarnos, es necesaria la influencia y el mantenimiento de las dos fuerzas opuestas. Estas fuerzas opuestas se equilibran entre sí, y nos conducen al mejor resultado, a un denominador en común. Por lo tanto, el ego tiene que ser equilibrado dentro de mí por medio del deseo de elevarme por encima de él, con el deseo de apoyarme en el entorno, en la gente y amigos más cercanos, en toda la sociedad, para trascender el ego. Estos dos sistemas - uno, la sociedad, el entorno, y el otro, mi ego – son los que me ayudan. Y yo, por así decirlo, me interpongo entre ellos, y así me elevo más y crezco.

A fin de cuentas lo que estoy investigando es mi ego, descubro en él atributos que pueden ayudarme a crecer, a utilizarlo con el fin de otorgar, de progresar, para alegrar y ayudar a los demás. Entonces el ego se convierte para mí en una fuerza, un material de trabajo. No estoy anulando al ego, sino que éste va creciendo y aumentando dentro de mí cada vez más, y todas las sutilezas de su desarrollo, todo lo que se va revelando en mí, lo recibo felizmente.

El encuentro del hombre moderno con el ego está acompañado por una sensación de amargura e indignación: "¡Qué vergüenza!, ¿qué es lo que hice?". El hombre no debería sufrir por ello, porque es la naturaleza que se revela dentro de él de esa forma. La naturaleza enormemente egoísta es ahora revelada en nosotros deliberadamente, para que todo el tiempo nos unamos por encima de ella.

Por lo tanto el ego es en realidad un motor que nos hace avanzar. Tenemos que conocer todas sus formas, todas sus manifestaciones, incluso hasta las más terribles, para cubrirlas con bellas vestimentas. Esa terrible manifestación se queda en nosotros, y es bueno que sea así. Pero al cubrirlo con envolturas totalmente opuestas a él, se producen disonancias bipolares en cada atributo nuestro. Y esta bipolaridad nos ayuda a aumentar la intensidad del ego y a utilizarlo para beneficio de los demás, de manera que se crea un nuevo sistema llamado "Hombre".

Por primera vez en la historia llegamos al punto en que podemos elevarnos por encima de nuestra existencia material; sobreponernos a un nivel en el que podemos crear un nuevo sistema, el sistema integral - toda la humanidad general virtual, en la que todos están unidos entre sí y se complementan entre sí. Ese mecanismo integral homogéneo se llama "Hombre". Es decir, el prototipo del hombre general en el mundo, nos da la oportunidad de descubrir la profundidad de la naturaleza, descubrir todas las fuerzas de la naturaleza y utilizarlas correctamente.

Si es así, bajo ningún concepto eliminamos o "aplanamos" nuestro ego. Por el contrario, estamos muy contentos con toda su revelación negativa. Esto es similar a un escultor que consigue los mejores materiales para sus esculturas. Incluso si le espera mucho trabajo para crear alguna forma en ella, se alegra de que ese material llegara a sus manos. En el método integral, toda esa revelación del ego es un nuevo material con el que podemos trabajar. Y lo que tenemos que cambiar no es el material, sino la manera de utilizarlo - en vez de hacer algo a costa de los demás, hacerlo en beneficio de ellos.

En la prisión del egoísmo

¿Acaso el concepto de "egoísmo" se refiere al deseo en sí, o a la acción que efectuamos para llevarlo a cabo? Porque hay diferencia entre el deseo de tomar algo que le pertenezca a alguien -que eso aún podemos superar- y la acción ya efectuada, es decir, realmente llegar a tomar lo que no me pertenece.

Aquí no se refieren a la acción, sino a la intención en sí. Si quiero tomar algo de alguien, lograr algo a expensas de otra persona, para provocar mi propio placer y el daño ajeno - eso es egoísmo. Pero si yo simplemente disfruto de algo - no es egoísmo.

El egoísmo está compuesto de nuestras acciones cuyo propósito es causarnos placer pero que, de hecho, causan daño a los demás: a las personas y a la naturaleza. Nosotros no podemos hacer ninguna acción que no sea egoísta. Cada acción nuestra siempre es realizada en equilibrio con la naturaleza y con las personas o contra ellas, debido a que nosotros no existimos por nosotros mismos, no vivimos en un vacío, sino que vivimos en algún tipo de entorno.

Se supone que todo el tiempo debemos pensar en una buena relación con los demás. Y esto sucede, ante todo, en el marco del proceso educativo. Nuestra actitud hacia el mundo animado e inanimado, hacia la naturaleza y hacia el universo, cambia completamente. Se convierte en agradable y simpatizante. Empezamos a entender y a sentir las fuerzas y las capas de la naturaleza en el espacio que nos rodea, que hasta ahora estaban ocultas a nuestra vista. Nosotros descubrimos la estructura de la creación, el plan de la creación, su mente interior, su programa, en el cual existimos y nos desarrollamos de manera involuntaria. La persona alcanza un nivel de conciencia tal, que comienza a conocer su parte particular dentro de la creación, su suerte, su destino, y su propósito.

Amistarse con el intelecto de la naturaleza

¿A qué se refiere la frase "descubrir el plan de la naturaleza"? ¿Acaso la persona ve, escucha o siente algo?

Debido a que la persona se asemeja a la naturaleza que lo rodea, la trata con amabilidad, comienza a penetrar en el interior de la idea de la naturaleza, al interior de su significado y de su pensamiento. Uno empieza a ver que la naturaleza ha creado a todos, incluso a uno mismo - una persona de suprema inteligencia, con sentimientos. Las personas que se sienten cercanas a la naturaleza, que se criaron y se desarrollaron en su interior, hablan mucho sobre eso. Por ejemplo, los beduinos en Israel. Los beduinos que habitan en el desierto del Néguev, en el sur de Israel, sienten la naturaleza, su respiración.

Hablé con gente que vivió muchos años en el desierto, o en la tundra o con los monos en la selva. Me contaron que la persona experimenta una sensación de elevación cuando comienza a descubrir el plan de la naturaleza, el pensamiento de la naturaleza. El hombre comienza a sentir lo que se encuentra en el interior de la naturaleza creadora, dentro de un enorme sistema de pensamiento. De pronto, la persona comienza a "hablar" con la naturaleza, a comunicarse con ella, a descubrir su estructura, su plan, y a identificarse con ella. El hombre se unifica con la naturaleza, y ella lo eleva al siguiente nivel de su desarrollo.

La comprensión del plan general de la naturaleza, acerca nuestro ascenso al siguiente nivel, al grado de administración y autocontrol en nuestras vidas - ahí está oculto el objetivo de la fase actual del desarrollo moderno.

En otras palabras, hoy en día somos testigos de las relaciones con un nuevo carácter, en el cual las conexiones están más reveladas, son más naturales. ¿Acaso la naturaleza también está cambiando o sigue como siempre?

Yo no estoy hablando de los niveles inanimado, vegetal o animal que se encuentran en la naturaleza. Estoy hablando de la naturaleza que se abre al hombre, se manifiesta frente a él, y así el hombre descubre algo inmenso, una emoción universal, un pensamiento que incluye todo. Descubre el plan de la creación. El hombre descubre todo eso por sí mismo.

Cuando una persona se encuentra en conexión mutua con la naturaleza, empieza a sentir en sí misma el siguiente nivel de desarrollo porque de esta manera entiende todos los procesos, la visión del mundo desde su principio hasta su final, el plan de la naturaleza: ¿Por qué nuestro universo ha evolucionado; de dónde proviene ese desarrollo; qué sucedió antes del Big-Bang, y qué sucedió después, cómo percibir el universo, no con los cinco sentidos físicos, sino con el pensamiento universal, a través del corazón y la psiquis superior.

Cuando un hombre obtiene esta comprensión, comienza a entender que durante todo el largo proceso histórico, se desarrolló exactamente para alcanzar este nivel. Muchos ámbitos científicos se ocupan de esto. En todas las ciencias aparecen problemas que llevan a los científicos a un callejón sin salida. Esos mismos problemas surgen del hecho de que esos desarrollos científicos están orientados hacia el siguiente nivel de desarrollo, el cual es: el espacio integral. Por lo tanto, los científicos no podrán descubrir nada sin educación, sin un cambio interno dentro de sí mismos a través de la relación integral con la naturaleza. Por eso, el mundo científico está hoy en crisis.

"Manto" altruista para el ego

¿Qué significa "sobreponerse al ego"? ¿Cómo lo realizamos realmente? ¿Acaso con el pensamiento?

Sobreponerse al ego, significa trabajar con él de forma lógica. Cuando una persona está bajo la influencia de la sociedad, entonces supuestamente, la sociedad está a nuestra derecha y el ego a nuestra izquierda. La persona invierte todo su ser para esa sociedad, se acerca a ella, se incluye en ella, y se refiere al ego como si fuera el material con el cual tiene que esculpir a la persona, es decir, darle una forma humana.

Esta es la diferencia entre el método integral y los métodos constituidos sobre la anulación del ego, su supresión y ocultamiento máximo. En el método integral el ego se revela libremente. Y siendo el ego una de las dos fuerzas de la naturaleza, entonces a través de la revelación de la segunda fuerza, el hombre puede ver objetivamente cómo usar ambas fuerzas, cuando en realidad ninguna de ellas es propia, sino que pertenecen a la naturaleza.

Hoy me identifico con mi ego, y existo como parte inseparable de él. Sin embargo, en el método integral, en el que supuestamente salgo de mi interior y miro con objetividad a mi cuerpo, a mí mismo, a los que me rodean. Separo toda persona de su esencia interna egoísta. De esa forma empiezo -sin otra alternativa-, a ver a la gente, no desde su esencia egoísta, sino fuera del ego, fuera de la materia, como debe ser si se utilizan debidamente ambas fuerzas - la derecha y la izquierda. La fuerza izquierda es el ego, y la fuerza derecha es el entorno, que muestra las cualidades altruistas contrarias al ego.

¿Qué es la "línea derecha" en la Sabiduría de la Conexión?

"Línea derecha" es una fuerza. Esta idea sugiere cómo debo cambiar mi "línea izquierda", todos mis deseos egoístas, todas mis intenciones, todo lo que poseo. Supongamos que tengo 10 y hasta 100 pensamientos o deseos diferentes. Bajo la influencia de la sociedad, del entorno, tengo que convertir todos mis atributos, pensamientos y deseos egoístas, es decir, a la mente y al corazón egoísta, convertirlos en altruistas. Supuestamente debo vestir al ego con un manto altruista.

Supongamos que tengo deseos de cantar, me encanta cantar, y yo no sé cantar, ¿acaso es eso una manifestación de mi ego?

Eso no es ego. Ego es cuando quieres aprovecharte de la situación como si fuera a tu favor y perjudicar al entorno. Tomemos como ejemplo tu deseo de cantar: si cantas frente a tu madre que te quiere, le causarías placer, y no importa la voz que tengas. Sin embargo, si sales a la calle y empiezas a cantar, puede ser que a la gente no le agrade escucharte. Es decir, todo depende del grado de participación, de amor y el vínculo que tienes con la gente que escucha.

¿Cómo convertir un acto egoísta en altruista?

Mediante la introducción de amor en nuestra conexión mutua. Tomemos el ejemplo de un médico que operó a un paciente con problemas en las cuerdas vocales y le devuelve el poder del habla. Esa misma persona ahora canta con una voz ronca totalmente fuera de tono, y sin embargo, le causó placer al médico al escuchar el resultado de su trabajo. Por eso, todo depende - no de la buena ejecución, sino de la conexión entre las personas. Si a través de tus acciones causas placer a otros, es un acto bendito. Tienes todas las posibilidades abiertas ante ti.

Lo importante es estar en una relación correcta con los demás, cuando ustedes se tratan unos a otros con amor. Entonces, esa nueva relación entre ustedes es la que controla todo. Ustedes entienden de forma natural lo que cada uno puede expresar al otro, o qué cosas no debe expresar. Así como antes querían utilizar al ego para su propio beneficio de manera natural y abierta, ahora de forma abierta y honesta, lo utilizan en beneficio de los demás.

El veneno no siempre envenena

Supongamos que un grupo de personas se reúne para aprender el método de la Sabiduría de la Conexión. A veces sucede que algunas personas desean hablar al mismo tiempo, pero una de ellas interrumpe a los demás, porque quiere que todos presten atención solamente a ella. Esta acción es egoísta, porque las personas se ven obligadas a escuchar sólo a esa persona. ¿Cómo convertir esta acción en altruista?

La acción en sí no tiene sentido. Lo que importa es crear una relación correcta entre las personas, y de esa forma actuarán bien, con reciprocidad y cada acción individual será bien recibida. Esto es lo que se genera en el proceso educativo.

Al comienzo hay que repasar todos los temas estudiados en el curso: Quién y qué es el hombre, dónde se encuentra su libertad de elección, y la influencia del entorno. Una vez que la persona recibe cierta información, comienza el trabajo práctico.

Cuando una persona actúa en referencia a otra, ¿es posible reconocer cuándo utiliza su ego de manera integral y cuándo actúa de forma egoísta?

Estas formas son internas y dependen de la situación interior de la persona. Es imposible identificarlas. Tomemos el ejemplo de un cirujano, que hace un corte en el cuerpo de una persona. Si alguien que no es de nuestro mundo observara este acto, el cual no comprende, es probable que desee inmediatamente detener al cirujano, sin embargo nosotros pagaríamos una gran suma por esa cirugía.

Todo medicamento es veneno, pero si lo tomamos de manera correcta, se convierte en un remedio. Desde este punto podemos entender porqué la serpiente fue elegida como símbolo de la medicina. Es decir, incluso inconscientemente, la persona entiende y ve desde la naturaleza que cada cosa negativa tiene su lado positivo, y la perspectiva depende sólo de nosotros. Por eso, uno no es consciente de que al observar todo de un costado, no podrá interpretar la imagen de manera correcta.

La psicología moderna debería añadir, en primer lugar, la educación. El psicólogo debería educar a sus pacientes, pero al no tener tiempo para eso, se conforma con darles algunos consejos. Quizás estos consejos sirvan para algún tipo de corrección, pero no como un cambio radical.

Es grato beneficiar a otros

Estoy atascado en el tráfico y llegaré tarde a una reunión. De pronto se desocupa un carril de la carretera. En esta situación, tengo dos opciones: ser el primero en entrar al carril, o dejar pasar a otra persona.

Te prometo que vas a ceder el paso a todos, ya que eso te hará sentir una sensación agradable. Te sentirás como un ser bueno y benevolente, y de este simple acto te sentirás gratificado. Podrás sentir un poco esta situación, si por un momento tratas de penetrar en ese sentimiento que surge en la acción de beneficiar al otro, sin profundizar en el acto en sí.

Si los medios de comunicación, los espectáculos, películas y otros contenidos fueran en torno a la Sabiduría de la Conexión, la persona en la calle se comportaría de manera diferente.

¿Acaso la persona que recibió la Sabiduría de la Conexión correcta, dejaría pasar a la gente que está delante de ella?

No podría hacerlo de otra manera. Lo haría automáticamente. Bajo la influencia de la sociedad, nos encontraremos en un nuevo campo de influencia, que nos afectará de manera que no podamos actuar egoístamente. Todo esto depende sólo del entorno que nos rodea.

Por lo tanto, en primer lugar, hay que educar a los individuos, para que puedan crear un entorno envolvente y potente. Tratar de infiltrarse en los medios de comunicación, en el gobierno, y explicarles la necesidad de un desarrollo social integral. La misma sociedad cambiará a las personas, y ese cambio será voluntario. Todo esto debe estar, por supuesto, acompañado con explicaciones.

Experimento delicado

Hoy en día la gente no vive de manera integral, tal como nosotros hablamos del tema. La persona que "pisotea a los demás" e irrumpe hacia adelante, tiene más éxito que una persona que hace concesiones con todos y se preocupa por los demás. Al segundo se lo considera como a un "fracasado".

Si realizamos un experimento, en el que fotografiamos a las personas y, a continuación, les mostramos cómo se comportan en diversos lugares, lograremos que se vean a sí mismos de un costado; eso los cambiaría, incluso sin efectuar algún trabajo social.

Si mostráramos ese comportamiento a sus propios hijos y los hijos se expresarían en sus casas con desprecio o amargura por las acciones de sus padres, los padres no serían capaces de continuar con el mismo comportamiento. La reacción de sus hijos les afectaría fuertemente y les obligaría a cambiar, porque los niños son la fuente de influencia más poderosa sobre los padres. Los padres tendrán que cambiar para que sus hijos los respeten, porque para los padres, es terrible que sus hijos los desprecien y no estén de acuerdo con su forma de comportarse, con lo que son. Por eso debemos utilizar eso, aunque con cuidado, con delicadeza.

¡No debe postergarse más!

La opinión pública es un dispositivo educativo de gran potencia. ¿Cómo utilizar este dispositivo en grupos de la Sabiduría de la Conexión? ¿Qué comportamiento debe incentivar un grupo, y cómo reconocer un comportamiento deseado desde el aspecto integral?

En el proceso de debates y conversaciones se traen ejemplos de conducta correcta e incorrecta de cooperación. Los miembros del grupo aclaran los motivos de tal comportamiento, descubren sus causas, conscientes e inconscientes, naturales y adquiridas. Estos son factores dados por la naturaleza, y adquiridos de la sociedad que lo rodea, y se grabaron en nosotros por costumbre, durante el proceso de educación.

Nosotros tratamos de explicar de dónde proviene nuestro comportamiento, cómo la sociedad anterior en la que crecimos imprimió en nosotros ciertos hábitos, y porqué ahora es importante para nosotros cambiar, en especial hacer cambios en nuestros hijos y educarlos nuevamente. Porque si los niños son educados en el mismo ambiente en el que se educaron los adultos, hasta que ellos sean re-educados pasarán varias generaciones. Y si queremos que desde ahora nuestros hijos sean diferentes, debemos cambiar nosotros mismos.

Yo considero que la cooperación entre padres e hijos, el amor hacia los niños, el deseo de darles un mundo nuevo y mejor - estos son los temas que preocupan a la mayoría de las personas, y deben inspirarnos a realizar ese cambio, que no lo hagamos como un juego, sino que realmente sea para crear una buena sociedad para nuestros hijos.

Hace poco estuve en un congreso con representantes de diferentes creencias orientales. Todos se sonreían mutuamente y demostraban interés unos por otros. ¿En qué se diferencia este comportamiento de la educación global e integral de la que hablamos?

Esta reciprocidad no surgió en ellos como una necesidad, por parte de su naturaleza. El método de educación y formación integral incluye el uso de todos los recursos internos y externos de la naturaleza y del hombre. De ninguna manera está basado en la opresión, y por eso es digno de ser utilizado por toda la humanidad. Los demás métodos se basan en la supresión del ego, la carencia de su uso. Pero el ego de todas formas irrumpe desde nuestro interior y se manifiesta. Se desarrolla en nosotros en forma constante, en cada momento y de generación en generación, y nosotros no podemos detener su desarrollo.

Básicamente nosotros somos egoístas, también el método integral se basa en el ego. Simplemente observo el mundo de forma calculada, su movimiento, su evolución, y entiendo que no puedo intervenir en el plan de la naturaleza. No es que yo sea admirador de alguna idea, y no trato de inventar un nuevo reino imaginario y hermoso, sino que entiendo que estamos aquí en un desarrollo imperioso, y por eso precisamente el camino integral es la forma más beneficiosa y nos conduce al objetivo correcto. Este camino no actúa en base a un espíritu idealista, por el contrario, el ego es aprovechado para nuestro desarrollo. No voy a oprimirlo ni tampoco reducirlo o encubrirlo, el ego no se va a ninguna parte, sino que sigue evolucionando.

En todos los métodos y en las diferentes creencias, reprimimos nuestro ego, dejamos de usarlo, lo que nos impide sentir hasta cuánto realmente nos odiamos el uno al otro, en qué medida somos opuestos, hasta qué punto cada uno de nosotros realmente quiere destruir a todos, quedarse totalmente solo, o estar con los demás siempre y cuando cumplan todos mis deseos sin protestar.

Además, algunos de los métodos y creencias, están destinados para un número limitado de personas. De acuerdo a investigaciones que se realizaron en el mundo, entre el 6% y el 10% de las personas tienen tendencias naturales a una conducta altruista: dar, vivir en paz. Este fenómeno es conocido, pero no es compartido por muchos. El resto no entiende a esas personas altruistas. Ellos ven sus acciones como inofensivas, pero no las consideran útiles y no quieren participar en ellas.

En la Sabiduría de la Conexión este concepto es totalmente diferente - la naturaleza obliga precisamente a convertir a los egoístas en altruistas con ayuda de ese mismo ego. Es decir, le damos a este ego, a toda nuestra naturaleza, a todos nuestros atributos, la máxima realización.

Elevarme por encima de mi ego

¿Qué es la acción de superar el ego? ¿Acaso es algún tipo de proceso de pensamiento, es decir, un proceso de inclusión de una intención específica?

Una persona puede tratar de descubrir su propia esencia de manera independiente o con la ayuda de psicólogos. Sólo tiene que abrirse a sí mismo, para analizarse, para desplegar su esencia con todos sus atributos, deseos y pensamientos. Nuestros atributos nos son dados por la naturaleza, los deseos son moldeados por el entorno y los pensamientos están diseñados para llevar a cabo, o sea concretar estos deseos, alcanzar lo deseado. Así estamos constituidos. Cuando una persona ve frente a sí misma la imagen de todo su mundo psicológico interno, puede trabajar consigo misma como si no se tratara de ella.

Si aparte de eso se conecta a un propósito especial que desea y es capaz de alcanzar, comienza a trabajar correctamente con sus propios atributos internos, que son los atributos que ha heredado de sus padres o antepasados. Además, empieza a trabajar con aquellos deseos -que recibió del entorno en el proceso de su educación- y con pensamientos sobre cómo hacer realidad esos atributos y deseos de manera óptima. Si frente a sí misma ve un propósito serio, grande, poderoso, entonces puede comenzar a trabajar con sus atributos con el fin de alcanzarlo.

La sociedad que lo rodea apoya este objetivo. Con la ayuda de la sociedad uno puede comenzar a trabajar con sus atributos internos, gracias a su negación o consentimiento, a través de lo que se llama llenado, es decir - las fuerzas y la energía que recibe de ella. Y esa sociedad siempre le mostrará la dirección exacta hacia su objetivo, porque su propósito se encuentra en la misma sociedad, al entrar en su interior como parte orgánica de ella.

Cuando consigue entrar en la sociedad como parte integral de la misma, se eleva por encima de sí mismo y se ve a sí mismo desde un costado - del lado de la sociedad, del lado de su objetivo. Como resultado de ello, comienza a cambiar por sí mismo de forma objetiva y correcta, y no de acuerdo a lo que siente en sus deseos, en sus pensamientos, y en sus atributos egoístas. La indicación que está trabajando correctamente, es su nivel de conexión con la sociedad desde un enfoque integral y su grado de acercamiento hacia el objetivo.

Si uno realmente consigue avanzar correctamente, no le importa lo que hace con sí mismo. Eso significa "sobreponerse". Uno debe llegar por sí mismo a la interacción integral con los demás y por lo tanto utilizar todos sus recursos internos y externos y también de la sociedad. Pero uno mismo tiene que cambiar, y no sólo difundir este método.

Una pequeña partícula dentro de un inmenso mecanismo

¿Qué debo cambiar en mí para poder ser como un engranaje que trabaja en coordinación con el mecanismo general?

En un mecanismo general coordinado, un engranaje fija el movimiento de todo el mecanismo, no es sólo una pequeña rueda indefensa que está en su interior. De momento, nosotros estamos dando vueltas dentro de este mecanismo de forma involuntaria, por eso nuestras vidas están llenas de sufrimientos. Y si daríamos vuelta partiendo de la comprensión del mecanismo, es decir, con alegría, ¿qué sucedería entonces?

Cuando una persona se conecta correctamente con todo el mecanismo, entonces, dado a que influye en él, le concede sus pensamientos, sentimientos, su esfuerzo, uno comienza a girar el mecanismo por sí mismo. Se convierte en el creador de este mecanismo. Se eleva a un nivel más alto de la naturaleza, trasciende al nivel del propósito de la naturaleza, de su plan. Y entonces se manifiesta en uno un nivel de existencia, de conciencia, completamente diferente, una sensación de eternidad, de perfección, que se introduce al interior de toda la naturaleza en su nivel superior. Hacia eso vamos avanzando.

Nosotros avanzamos hacia una situación que es difícil para nosotros describir. No nos imaginamos lo que fue preparado para nosotros. Pero ese ya es el siguiente paso, lejano de la psicología práctica, moderna.

¿Cómo puedo ser un engranaje beneficioso y apropiado?

Para eso debes concurrir a una serie de lecciones, adaptarte a ellas, preferentemente en un grupo donde la gente es apropiada para ti, de acuerdo a tu desarrollo, tu mentalidad, etc. Luego, guiado por instructores, será posible comenzar por un trabajo práctico a través de debates entre ustedes. Más adelante ya se deberá crear un entorno que te influya a ti y viceversa. De esta manera creamos gradualmente el sistema de aprendizaje.

Tenemos que entender que la humanidad pasó todas las etapas anteriores de desarrollo gradualmente durante cientos de miles de años, y esta etapa podemos pasarla durante una sola generación. Vemos cómo todo hoy en día evoluciona a alta velocidad, y eso es debido a que el ego creció en su calidad - y en sus grados más elevados ocurren cambios más rápidamente.

Hablamos acerca de tener un conjunto de clases y conferencias en los que las personas adquieren un conocimiento inicial, luego los hábitos, y en un nivel avanzado comenzará con la práctica y realización en la vida. Nosotros no podemos "lanzar" a la persona así al mundo. De hecho, nosotros preparamos a un niño para entrar en la vida durante 20 años. Tenemos que preparar a la persona por lo menos seis meses para que empiece a realizarse a sí misma.

Desarrollo psicológico

En el enmarco de su trabajo, el psicoterapeuta averigua una y otra vez con preguntas al paciente, hasta que finalmente empieza a entender lo que le sucede.

Tu función como psicólogo es dar al paciente un consejo auténtico y adecuado, una receta, que pueda utilizar para sentirse bien. Después de unos meses o años puede que regrese, ya que está cambiando y también los problemas y las circunstancias cambian. Él te va a necesitar. Es decir, tú eres el experto, y él viene a buscar un consejo. Tú le das un "medicamento", eso es todo.

Nuestra actitud es totalmente diferente. Nuestra función es transformar a cada individuo en su propio experto, ya que debe trabajar constantemente sobre sí mismo. Todo el tiempo encuentra en su interior aspectos internos desconocidos, descubre nuevos niveles, atributos, pensamientos y deseos egoístas. Y cuando todos estos cambian, la persona se encuentra en una nueva posición en relación a su entorno. Por eso es que la persona debe desarrollarse constantemente, a nivel psicológico. Se convierte en su propio experto.

La increíble influencia del entorno

Entiendo que no debo reprimir mi ego. Este es un factor, que gracias a su ayuda, podré cambiar y transformar. Pero no entiendo exactamente ¿cuál será la acción que me convertirá a mí -el egoísta-, en parte de la sociedad integral?

El cambio se producirá a través de la influencia del entorno, no hay otra manera. Estas fuerzas del cambio no existen en ti. Lo único positivo que existe en ti es que puedes ser influenciado por el entorno. Y por lo tanto sólo el entorno puede dirigirte. Cuando el entorno le da valor e importancia a ciertos atributos o a algún otro determinado comportamiento, etc., debes seguir al entorno. No puedes prescindir de eso. El honor, el control, la envidia, la vergüenza, esas poderosas fuerzas que nos motivan, te obligarán a escuchar la opinión del entorno.

Supongamos que estudiamos en el curso sobre la evolución del desarrollo del ego. ¿Acaso ese estudio es suficiente para empezar a comportarse de manera integral?

No, porque estos son sólo conocimientos. Después del aprendizaje, habrá que unir en grupo a todos los participantes del curso, y convertir a ese grupo en una sociedad que influya correctamente en cada uno de sus miembros.

Por ejemplo, cuando ponemos a los niños en un determinado ambiente, bajo la dirección de especialistas y educadores que actúan con ellos de manera correcta, y traen niños mayores de esa edad, para que sean instructores de los niños pequeños, el resultado es increíble. El niño pequeño escucha felizmente al niño mayor que él y desea ser como él. Entre los niños es natural. Ellos no toman ejemplo de los adultos, sino de niños que tienen dos o tres años más que ellos. Por eso tenemos que usar la única herramienta que existe - el entorno.

Cuando yo entro en un entorno en el que las personas se relacionan entre sí con cariño, con atención, yo también quiero formar parte de ese entorno. ¿Es suficiente con mi deseo para ser finalmente absorbido en él?

Tu deseo no es necesario en absoluto. Si fuese necesario, sería muy malo, es señal que este método no funciona. Si tomamos cualquier persona de este mundo y la ponemos en un entorno adecuado, no hay ninguna duda de que cambiará. Hay muchísimos ejemplos sobre esto, sobre todo en la psicología. Si llevamos una persona a una playa nudista, la vergüenza lo obligaría a que se desvista. Por lo tanto, el entorno es el único medio para la corrección.

El objetivo concede fuerza

¿Cuál es la diferencia entre un entorno integral y otro que no es integral?

La única diferencia está en el anhelo de alcanzar el nivel de perfección de nuestra situación, nada más. Es decir, se reúnen personas que entienden que no tienen otra opción, que deben salir de la crisis. Preferentemente no a través de guerras y acontecimientos dramáticos y atemorizantes, sino por aspiración propia, y comienzan a hacerlo de manera artificial. Ellos estudian este sistema, tratan de llevarlo a cabo, y así se van influenciando mutuamente. No hay nada más que esto.

Durante ese período, van despertando aquellas fuerzas ocultas en la naturaleza de ese mismo objetivo al que aspiran llegar, y este objetivo es como si los fuera iluminando de lejos. Les proyecta su propia fuerza, su integridad. Ellos lo viven, por eso es que van surgiendo en ellos nuevas fuerzas. En cada gran objetivo existe una fuerza, y aquel que está conectado a ella puede llevar a cabo un gran trabajo.

¿Es aspirar hacia este objetivo un "Ascenso "?

Sí, siempre ascendemos exactamente en relación a la meta. Pero cuando estamos en un grupo, en esta pequeña sociedad, podemos orientarnos de manera correcta hacia el objetivo.

¿Cómo sé yo de dónde proviene este objetivo, dónde se encuentra, qué significa la participación mutua, cuáles son los engranajes del mecanismo? En el grupo yo puedo analizar mi participación, revisar si me comporto correctamente en esta pequeña comunidad, de manera integral y con una máxima amabilidad hacia todos. También tengo que aprender lo que mis pensamientos pueden causar, es decir, prestar atención a mis pensamientos, y no sólo a las acciones. El pensamiento es en sí la acción.

En el siguiente nivel de existencia, el grado del "hombre", en el grado del sistema integral, nuestros pensamientos y deseos cumplen el mismo rol que en nuestro nivel físico actual. Por eso es que tenemos que tomar el control sobre nuestros pensamientos y deseos para corregirlos. Esto es lo más importante. Las acciones pueden permanecer como estaban, pero serán dirigidas para el beneficio de los demás. El cambio más importante es el cambio en el deseo y en el pensamiento.

¿Se necesita de libros especiales, que adapten este método a públicos con diferentes antecedentes profesionales, diferentes edades, diferentes orígenes?

Eso no tiene importancia, porque cuando una persona comienza a elevarse por encima de sí misma, pierde su identificación con el mundo físico. Ya no tiene importancia su origen o el sector étnico al que pertenece, y ni siquiera la forma en que fue educado. Porque cuando una persona está totalmente dirigida al beneficio de otros, debe comprender a los demás, entender lo que significa ser "en beneficio de los demás", y entender que lo que podría parecer en beneficio de ellos en realidad no lo es para nada.

Es decir, la persona no puede valorar el bien de los demás de acuerdo a sí mismo, de acuerdo con quien es ella. Si a mí me gusta una determinada comida y para mí es buena, tal vez cuando le ofrezco a otra persona le causo daño o despierto en ella sentimientos desagradables. Porque los gustos y opiniones a menudo son opuestos.

Por lo tanto, la integralidad debe incluir en ella - también el sentimiento de otra persona, y la conexión con sus deseos y pensamientos y utilizarme a mí mismo para complacer al otro. En mi estado integral, debo evaluarme a mí mismo constantemente, pero no de acuerdo con mis deseos y pensamientos. En otras palabras, no suponer que lo que es bueno para mí, también lo es para los demás y luego someterlos a lo que a mí me gustaría tener.

Este tipo de cosas nos pasa a veces, y muchas veces provoca conflictos. Pero yo tengo que actuar de forma contraria, entrar dentro de la persona, sentir sus deseos y llenarlos con la ayuda de mis deseos. Esta es la conexión correcta entre los engranajes. Como resultado, cada uno de nosotros trabaja para los demás, como lo hacen las células en el cuerpo humano.

Capitulo 8
Apoyándonos mutuamente

Principios del capítulo:
- Cómo se aprende a confiar en el grupo
- Cómo aprenderán las personas del grupo a confiar unas en otras
- Cómo explicamos la lógica y la necesidad de la responsabilidad mutua
- Cómo llegar a alguien que no tiende a abrirse y darse a conocer

El objetivo es ver un cuadro integral

Todo el curso de educación integral consiste en que cada actividad debe comenzar colocando frente a la persona la imagen integral general como objetivo. ¿Debe cada lección comenzar precisamente de esta forma?

Hay que tener en cuenta, que esto no es una simple sugerencia, sino una necesidad fundamental. Por un lado, la persona debe perseguir constantemente el objetivo, encaminarse hacia él. Cada movimiento, cada expresión, cada participación en los diferentes juegos, en los

173

debates, etc., todo, debe dirigirse hacia la misma meta. Así, realmente la persona aspirará a llegar a ella, y se desarrollará en ella un anhelo por alcanzarla. Verá que todo debe estar dirigido a conseguirla.

Por otro lado, dado a que en la naturaleza existe un campo único y uniforme en el cual todos estamos conectados, cuando nos planteamos una tarea y nos imaginamos nuestro estado futuro, supuestamente, "atraemos" fuerzas de esa misma situación futura, que nos afectan y nos dirigen hacia adelante. Estas fuerzas, supuestamente salen del sitio al que aspiramos llegar, y actúan sobre nosotros.

De hecho, es sólo un fenómeno psicológico. Nosotros entendemos que en realidad no existen tales fuerzas. Podría ser incluso, que la descripción futura no coincida con la imagen real, porque en el proceso de desarrollo nosotros cambiamos, por eso, la descripción de la situación futura también cambia.

De la misma forma nos comportamos con el niño cuando le decimos: "cuando crezcas serás aviador o médico; sólo estudia, y ya verás lo que pasa". Él crece, y lentamente comienza a entender que si en el pasado se imaginaba ser conductor de un gran camión, ahora, desea alcanzar objetivos diferentes. Nosotros le dibujamos una determinada imagen futura para que él logre desarrollarla a otras metas, más elevadas.

Así también es en la Sabiduría de la Conexión. Constantemente, debemos imaginarnos como los niños, la imagen hacia la cual tenemos que evolucionar, para que ésta nos jale hacia adelante. De esta forma, no seremos empujados por fuerzas negativas de la naturaleza, o a través de crisis, sino por el contrario, avanzaremos por la atracción de las fuerzas positivas, y de esta forma, acortaremos el camino y éste será más agradable para nosotros. Por eso, la descripción de un futuro bueno y claro debería recibir soporte del entorno, hasta que sea trascendente ante sus ojos y también ante los medios de comunicación, etc. La persona atraerá con esto una tremenda fuerza de inspiración, porque la sociedad alentará a todo aquel que aspire alcanzar el objetivo.

Debemos desarrollar el fundamento psicológico general hacia el cual la persona será atraída como una corriente que la transportará y en la cual fluirá con alegría.

Como instructor del curso de la psicología integral, ¿debo incluir el elemento integral en cada fenómeno que se explica en el curso?

Sí, porque el avance hacia la meta supone que en cada parte del camino alcanzas el objetivo, te acercas a él gradualmente. Es decir, si el propio objetivo es una recopilación de ciertas características nuevas, entonces, cada paso hacia él debe ser la adquisición de esas características, y tú debes realizar este esclarecimiento y ver si avanzas exactamente hacia ello o si repentinamente, te desviaste hacia algún otro lugar.

El desvió a un lado es muy peligroso, porque si no pones atención, el más pequeño desvió se convertirá más adelante en un gran error y nunca llegarás al objetivo, te alejarás de él más y más.

Grupo unificado
La dinámica grupal pasa por varias etapas. En la primera, la persona debe adquirir seguridad. Antes de abrirse, la persona debe sentir

que se encuentra en un espacio protegido, en un sitio en el que no es rechazado ni denigrado.

Es cierto y aparte, en este lugar, debe haber un atributo llamado "responsabilidad mutua". Para alcanzar la meta, nosotros necesitamos el apoyo de todos los demás, como en un buen grupo de fútbol, o en el ejército, que cuando salen a una misión, cada uno confía en que los demás lo apoyarán. Tú vas hacia adelante, porque para ti ya ha desaparecido la sensación del "yo", y existe la sensación del "nosotros" y es tan fuerte, que no te importa en absoluto si vives o mueres, lo más importante es implementar la idea común.

Cuando las personas se unen en una idea común, pierden sus intereses personales, y el interés general comienza a influenciarlos de tal forma, que personalmente ya no les importa de qué modo se logrará el ideal común.

Cuando alcanzamos un estado de unión comunitaria, subimos al nivel llamado "humano". Es decir, necesitamos una meta que esté siempre frente a nuestros ojos. Y ella debe ser para nosotros, y no para la persona con la cual trabajamos ni para el grupo, sino para nosotros. Si no anhelamos esta meta, la naturaleza nos obligará a alcanzarla de forma dolorosa, con grandes sufrimientos, a través de fuerzas de coerción. De todos modos, en el estado final, deberemos conseguir una forma de unión en nuestras relaciones.

A través del curso de la Sabiduría de la Conexión las personas pasan por etapas. La primera es como dijimos en la introducción, en donde se aprende a confiar uno en el otro y de tal manera se adquiere seguridad personal. Si estas personas no confían una en la otra, esta etapa puede extenderse hasta casi la mitad del tiempo de estudio.

El asunto es que las personas acumularon mucha experiencia, en la cual experimentaron una influencia negativa de la sociedad sobre el individuo, y para que la persona se sane, confíe y crea en las buenas intenciones de los demás, lleva su tiempo. ¿Cómo llenar este tiempo?

Es muy difícil trabajar con gente que se topa cada vez con la cruel realidad del mundo. Dentro del grupo, ellos se calman y logran parcialmente sanarse de las presiones de la vida, pero para ellos es como un juego que les permite tomar un "sedante "y calmarse por una fracción de tiempo limitado.

Ellas entienden que vienen al grupo sólo para calmarse y no para cambiar. No pueden permitirse cambiar, de otra manera, se sentirían indefensas en la difícil realidad de este mundo. Estarían como un pequeño y tierno conejo entre lobos y zorros, así que esto representa un gran problema.

Es necesario crear un ambiente interior de apoyo dentro del grupo. Y también, éste debe ser relativamente grande para mantener a la persona dentro de sus límites. El individuo debe sentir el apoyo del grupo también en la casa, en el trabajo, a través del teléfono, mensajes de texto, etc. Es decir, las personas deben encontrarse todo el tiempo en responsabilidad mutua. Deben apoyarse entre sí, mantener un ambiente interno que se genera al diseñar ellos mismos su propia pequeña sociedad. Esta sociedad, puede ser, de hecho, artificial. Esto carece de importancia, después de todo, nos sentimos bien dentro de ella. Es una especie de refugio emocional.

Entonces, si fuera posible eliminar lo extrínseco de la sociedad y la influencia negativa que se "derrama" hacia afuera a través de los medios de comunicación y en especial dentro de lo que llamamos "cultura", tal vez, esto se podría hacer más rápido. Las personas que acumularon una carga negativa fuerte, estarán felices de recibir algo completamente diferente.

¡Uno para todos y todos para uno!
¿Qué significa la "responsabilidad mutua"?

El propósito de la creación es llevar al mundo hacia la homeostasis, el equilibrio. El equilibrio entre todos los sistemas es el punto final en el desarrollo de todo subsistema. Toda la naturaleza, inanimada, vegetal y animal, aspira al equilibrio.

El viento sopla siempre desde el sitio en el que la presión del aire es más alta hacia donde la presión del aire es más baja. Todas las variables físicas que no están equilibradas, aspiran finalmente al equilibrio, a la estabilización, a la conexión mutua, al entendimiento mutuo. De esta manera, todos los niveles de la naturaleza se apoyan entre sí, los vegetales, minerales, animales etc., todos, se encuentran en una incesante periodicidad recíproca.

El último nivel de la naturaleza, que es llamado "humano", es una imagen colectiva general, que debe incluir en su interior todos los niveles anteriores. Los humanos deben llegar a un estado general de conexión mutua. Son ellos los que determinarán la estructura correcta de la naturaleza y su armonía. El hombre debe llegar a un equilibrio en la comprensión, en el sentimiento, a través del reconocimiento de la imagen del cuadro general. Debemos investigar los sistemas integrales cuya característica es que tanto su comienzo, su fase media y su final, están conectados mutuamente y se relacionan entre sí con responsabilidad mutua. No hay una sola cosa que determine algo, sino que todas determinan todo en conjunto. Así está formada una imagen holográfica, y de acuerdo a ese mismo principio está construida toda la existencia, cada parte de ella, y nosotros dentro de ella. Entonces, nuestro estado final se caracteriza por el hecho de que todos somos responsables de todos. Uno para todos y todos para uno. Por supuesto, que se trata de un cuadro imaginario, totalmente contrario a la realidad actual. Ni nuestro deseo ni nuestra mente actúan en esa dirección. Pero la naturaleza nos obligará a llegar a ello. Actualmente, estamos entrando en una crisis producida por la falta de equilibrio y nuestra incorrecta interacción. Por lo tanto, debemos comenzar por un pequeño grupo de personas que ven el futuro de forma correcta, armónica y equilibrada. Debemos visualizar constantemente la condición de responsabilidad mutua. El futuro sistema, será el sistema más estable que existe en la naturaleza, y nosotros debemos conseguirlo, porque éste es el estado de equilibrio.

¿De qué forma le explicamos a la gente qué es "responsabilidad mutua"?

Hoy vemos que los países de de la unión europea no logran unirse realmente -por falta de educación y estudio integral-, por lo tanto, no tienen la posibilidad de ver correctamente la posición en la que se encuentran. Una y otra vez, ellos eligen soluciones egoístas, lineales, en lugar de soluciones "circulares". El problema, es que se consideran un sistema apartado, y no como un sistema análogo, por eso, ninguno de sus caminos los conduce a una solución.

Habrá una destrucción continua, que posiblemente conducirá a una guerra mundial, y también, probablemente, como resultado de los sufrimientos, vayan llegando gradualmente a la solución correcta. Actualmente, ya existen allí personas que entienden esto y hablan sobre la necesidad de una unión completa y absoluta. ¿Pero cómo es posible llegar a una conexión total entre 27 países? Incluso si limitan la unión a 10 países, de todos modos, se trata de una gran división en todos los sentidos. La conclusión obvia es que se necesita educación.

Por lo tanto, la base de la educación y su propósito se llaman, de antemano, "relaciones integrales" o "responsabilidad mutua general". Cuando actuamos en garantía mutua, somos responsables el uno del otro. De esta forma, creamos una sociedad equilibrada, en la que el miedo y la preocupación desaparecen. Cada uno sabe qué debe hacer en la sociedad, y está totalmente seguro que recibirá exactamente lo que reciben los demás, cada uno está seguro que tendrá todo lo que necesite para su existencia. Y de este modo neutralizamos todos los problemas que puedan aparecer en el orden social. Es evidente, que esta es la imagen ideal a la que debemos llegar, paulatinamente.

Vida a nivel humano

La Sabiduría de la Conexión desarraiga del interior de la persona casi todo aquello que caracteriza el consumo ilimitado de la sociedad moderna, y lo que queda, se resume a una existencia normal, tranquila y corriente. El nivel de nuestra existencia es considerado nivel "animal", porque nuestro cuerpo físico se encuentra dentro de este nivel. Hoy en día, uno debe invertir todos sus recursos para adquirir el próximo nivel, el nivel "humano" que es el grado de responsabilidad general, el nivel superior de unión. En la unión se revela nuestro próximo nivel de existencia, el logro de la eternidad y la perfección.

Y esto es posible, porque cuando obtenemos la imagen general de la naturaleza, las fuerzas que existen en ella desde el comienzo hasta el final, todo su proceso de desarrollo, y hasta uno mismo se une a este proceso y se convierte en parte; entonces, sencillamente vive en su interior, y aparentemente se desconecta de su cuerpo animal. Es como si se desconectara de su cuerpo, se identificara con la unión adquirida, y existiera en ella, de modo que aunque el cuerpo muera no sentirá la muerte. Uno no siente que su "yo" pierde algo por morir, y quien ha muerto es supuestamente ese amado animal que vive junto a él.

En este estado, dejamos ya de identificarnos con nuestros cuerpos, porque éstos representan un cúmulo de diferentes deseos y descripciones, y existimos aparentemente desconectados de él. Se trata de un cambio emocional, que es posible de afrontar durante el curso de la Sabiduría de la Conexión.

Hay que llevar a los estudiantes a obtener gradualmente esta sensación, puesto que el tema de la muerte está muy reprimido en nosotros, y en toda oportunidad esta cuestión se despierta en nosotros. En cada tarea que nos proponemos inconscientemente incluimos el componente de la muerte y debemos tratar de solucionarlo.

Cada una de mis decisiones, como traer hijos al mundo, formar una familia, conducirse de acuerdo a las normas establecidas por la sociedad, encubre obligatoriamente el elemento de auto-integración dentro de algo que está fuera de mí, porque de esta manera prolongo mi persona.

Conformismo - no está mal

En la psicología materialista hay un concepto llamado

"conformismo"[5], donde la persona se rinde ante la opinión de la mayoría. Desde el punto de vista de los psicólogos, el conformismo es malo, y el no-conformismo es bueno. Desde el punto de vista integral, ¿es el conformismo algo positivo?

Primeramente, la rendición del hombre ante la sociedad, ante el entorno, es una ley de la naturaleza, sea el mensaje que ella transmite verdadero o falso. Lo que el entorno transmite es lo que uno absorbe y es educado a través de ello. Lo que el entorno dice, yo lo acepto como bueno o como malo, como correcto o incorrecto.

Podemos convencernos sin ningún problema de que algo salado es dulce. Si el entorno determina que lo salado es dulce, finalmente comenzaré a comer dulces salados. La opinión del medio cambia nuestros valores físicos internos, hasta tal punto que la persona cambia totalmente.

No podemos decir si esto es bueno o malo, nosotros solamente indicamos hechos. ¿Acaso puedo yo quejarme de la fuerza de atracción, u otros valores físicos? No, estos son hechos. Otro asunto es cómo aprovechamos las leyes naturales ya existentes. Decir que una ley es mala, y por eso hay que cambiarla y distorsionar a la persona, eso sí es realmente malo. Nuestro objetivo es aprovechar correctamente las leyes de la naturaleza para asimilarnos a ella, y para llegar a la armonía y la equivalencia de forma con ella.

---

5   *Conformidad es la adaptación, el cambio de comportamiento o de creencias del individuo según las normas o leyes acostumbradas en la sociedad o en el grupo.*

Entonces, resulta que la conducta socio-psicológica llamada "conformismo" es una gran ventaja que nos ayuda a conectarnos.

Nosotros podemos cambiar al individuo precisamente a través del entorno, a través de los medios de comunicación, la sociedad, la educación, llamados entorno. Nosotros tenemos que pedir para nosotros mismos una influencia externa a través del medio ambiente que nos rodea, para que hagamos de nosotros algo nuevo, éste es el único instrumento que actúa sobre la persona.

¿Quién salvará a quien se ahoga?

En París, a mediados de los años 60, un hombre se ahogó en una piscina frente a los ojos de 150 personas, porque nadie acudió a ayudarlo. Si hubiese habido allí una sola persona, seguramente ésta lo hubiera salvado. Pero en este caso, la responsabilidad se repartió entre 150 personas. De aquí parte la regla, que cuanto más gente hay, la responsabilidad de cada uno disminuye. ¿Cómo es posible convertir esta regla en integral?

La responsabilidad mutua es el estado en el cual yo soy responsable de todos. Es la situación en la que lo individual y lo general se equiparan de acuerdo a su fuerza e influencia. A este estado se refiere la ley de responsabilidad general. Si dentro del sistema integral final faltase una sola pequeña partícula, yo, tú o él, entonces, el sistema no podría trabajar al 100%; el sistema no estaría dañado en un 99%, ni en un 50 %, sino en un 100%, porque el sistema integral incluye la participación de todos de forma completa.

En resumen, la regla es que uno es igual a todos, uno es importante como todos. No hay quien esté exento de participar. En la Sabiduría de la Conexión tenemos un ejemplo simple que ilustra esta ley: toda la humanidad se encuentra supuestamente en un único y gran bote, si yo hago un agujero en el fondo del mismo, todos se hunden. Yo puedo decir "perdonen compañeros, este es un asunto personal, yo deseo ahogarme, o tomar un baño, este asunto no les incumbe". ¿Con qué derecho ustedes se meten en mi territorio y me dicen o me ordenan qué hacer? Si nos encontramos en un marco de una ley natural única, en una sola barca, en donde alguien puede hacer un agujero y todos nos hundimos, entonces, cada uno tiene la misma responsabilidad que los demás. Por lo tanto, según la responsabilidad mutua, todo aquel que está parado alrededor de la piscina y ve a alguien que se está ahogando, debe imaginarse que si él no ayuda, nadie lo ayudará. Y entonces, todos saltarán al agua.

Unicidad del sistema integral

Puesto que conozco la ley de responsabilidad mutua y veo cómo actúa, ¿debo comenzar a supervisar a los demás para que no violen esta ley y "perforen un hueco en el bote" aunque sea por motivos egoístas?

Del lado corregido, el altruista, se debe actuar de forma contraria. En lugar de criticar a los demás, tengo que criticarme a mí mismo. Yo debo decirme a mí mismo que todos son perfectos, que yo puedo confiar totalmente en ellos, y lo único que debo hacer es preocuparme por completarlos de forma correcta.

Si me controlo y me comporto correctamente en el círculo integral, entonces, todo el círculo será correcto. Es un resultado opuesto al comportamiento, que de acuerdo a él, yo soy responsable de todos y critico a todos por motivos egoístas. Es decir, si estoy dentro de un sistema integral y me comporto de manera apropiada, yo, necesariamente provoco que todo el sistema actúe correctamente. Si alguien viola esta ley, entonces todo el sistema se desmorona.

En el campo de la tecnología hay muchos ejemplos de diferentes sistemas, y entre ellos, el sistema integral. Hay sistemas digitales en los cuales el comienzo y el final están marcados claramente, y cada una de las partes que actúan en él se comunican una con la otra por medio de señales. Hay también un sistema que actúa diferente, y se conoce como integral, análogo. En este sistema se producen conmociones, interferencias, y después equilibrio, calma. No se podrá llegar a una decisión o resultado hasta que el sistema no se calme y alcance un común denominador.

Al principio cambiamos la señal, digamos que llevamos el entorno egoísta a un estado de intranquilidad. Y después, se realiza en él la corrección, y entonces, gradualmente se va adquiriendo la calma, el equilibrio, entre todas las partes del sistema. El sistema recibe un nuevo valor, que es el resultado de la unión de las partes del sistema. Si hacemos una analogía con la sociedad humana, el resultado conseguido es aceptado por todos de manera equilibrada y uniforme, de buen modo, y todos tratan de mantener la situación que se ha creado, porque es una situación favorable para todos.

La pirámide versátil
Supongamos que alguien está de acuerdo con el método integral de su corrección personal. ¿De qué forma se cerciora y recibe evidencias de que todos los demás también serán corregidos?

Hay personas que pueden entender la necesidad de dicha sociedad. Están aquellas personas que llegan a esta comprensión por un "camino de sufrimientos" después de ver que éstos no conducen a nada bueno. Y están las que investigan la naturaleza y ven a través de la experiencia, a través de lo que obtienen, por las ciencias naturales y están dispuestas a llegar a ella por un camino diferente y mejor.

Puesto que las personas son diferentes unas de las otras, es posible dividir a la humanidad en una estructura de pirámide. En la cúspide se encuentran las que entienden y sienten esta forma integral; ellas son las que tienen esta imperante necesidad interna. Ellas fueron creadas así. Es posible denominarlas "idealistas"- son así por naturaleza y están listas para este proceso.

Hay quienes llegan a esto desde una perspectiva científica; son los que están de acuerdo con este proceso, porque ven en él una necesidad verdadera que nos ha sido brindada por la naturaleza. Están los que pueden prever los resultados, y por lo tanto, a pesar de que no les gusta este camino y no hay nada en él que les atraiga, entienden que hay que llegar a esto; de lo contrario, serán los sufrimientos los que los conducirán -a través de golpes- hacia la felicidad. Y están aquellos, que simplemente sufren mucho en nuestro mundo, y son la mayoría. Ellos luchan por la vida, y viven en un nivel simple, se podría decir, en "un nivel animal". No tienen en sus vidas más que trabajar para proveerse de las necesidades materiales, y así van "arrastrando" la vida. A personas como estas, hay que explicarles simplemente cómo transformar gradualmente la preocupación personal por la preocupación social, y cómo responsabilizarse por la sociedad integral.

En la práctica, se puede comprender que cuando la humanidad se deshace de lo superfluo y llega a un común denominador integral, comienzan a actuar grandes fuerzas. Nosotros, verdaderamente podemos llegar a la armonía solamente bajo la influencia del entorno.

También en Europa, la mayoría de los europeos, los científicos, sociólogos, psicólogos, especialistas en ciencias políticas, todos comienzan ya a entender, que es muy difícil romper esta integración. Esto es como intentar actuar en contra de un proceso que fue predeterminado, también por la naturaleza y también por ellos, lo que atrae hacia ellos fuerzas negativas. Una política de aislamiento es muy peligrosa.

Cuando comenzamos a sentir la falta de elasticidad de este proceso y se lo explicamos gradualmente a la gente, es imposible no estar de acuerdo con que la vida nos empuja hacia el proceso de desarrollo del próximo nivel. No es necesario irrumpir hacia adelante por la fuerza y explicar intensivamente el fundamento del proceso en cada esquina o parque. Hay que proporcionar información y educación, gradualmente, explicar de forma objetiva las circunstancias que se nos presentan, sobre los patrones y la rutina diaria dentro de los cuales deberemos entrar, desde el estado actual hasta el estado que se debe alcanzar.

Hay que preparar, gradualmente, la opinión pública, mitigar nuestra transición de persona de nivel "animal" a persona de nivel de "humano". Este proceso lo pasaremos de todas formas, o forzosamente, a través de las fuerzas de evolución de la naturaleza que nos presionarán con toda la fuerza hasta la extinción, como sucedió con los dinosaurios, o, por propia voluntad, de forma calculada. El cambio puede ser agradable, si lo hacemos de forma consciente.

La necesidad proveniente de la naturaleza del desarrollo

La introducción del método de la Sabiduría de la Conexión exige un gran trabajo de explicación, que deberemos realizar junto a las masas. Y también, tendremos que entrenar a una gran parte de la humanidad para que sean educadores.

De todos modos, hace falta mantener de alguna forma a esa gente que hoy sale a la calle. Personas sin ocupación y con hambre pueden causar mucho daño a la humanidad; por eso debemos apoyarlos, y aunque se les pague algún tipo de subsidio, aún se estará creando un ejército en contra.

Por lo tanto, hay que introducir este método dentro de las redes virtuales, en la televisión, dentro de todos los medios de comunicación y diferentes clubes. Convertir la Sabiduría de la Conexión en educación obligatoria, para que en pocos meses la gente comience a entender dónde vive, y entonces, entenderá que no tiene que protestar en contra de nadie, puesto que se trata de una ley objetiva de la naturaleza.

Los puestos de trabajo que van quedando vacantes, no serán ya necesarios, porque hasta ahora, sencillamente, creamos cosas inútiles. Extrajimos de la tierra todos sus tesoros, contaminamos el planeta, creamos juguetes innecesarios, que luego tiramos y contaminamos el medio ambiente. Y, ¿qué hay con todos los ríos? Ya no se puede beber de ellos. El planeta está tan lleno de toda clase de pesticidas y productos químicos, que está claro que ya no podemos continuar de esta manera.

Nosotros podemos minimizar toda la producción hasta un límite razonable, y en su lugar brindar al individuo otra ocupación, que la naturaleza lo atrae hacia ella. O sea, antes no producíamos tantas cosas innecesarias. El siglo pasado nos convirtió en consumidores, sólo para que conociéramos el mal que existe en nuestro ego, y para que veamos hacia dónde nos empuja. Y ahora, necesitamos entender que es imposible continuar así, estamos en crisis. Es por esto, que ahora comienza a revelarse desde adentro, desde la esencia de nuestro desarrollo, la necesidad de la Sabiduría de la Conexión.

Es decir, ¿deberíamos eliminar el lujo, trabajar menos y ocuparnos más de la educación?

Esto ocurrirá automáticamente.

La impotencia de los multimillonarios y de los gobiernos

Un multimillonario dijo, que si una persona quiere vivir respetablemente, debe trabajar 12 horas diarias en vez de 8. Es decir, que aquellos que tienen la autoridad y los recursos van en una dirección totalmente diferente.

Los propietarios de negocios ya no pueden hacer esto, porque no lograrán vender los productos producidos por obreros que se encuentran ocupados 12 o incluso 8 horas al día. Nadie comprará estos productos. Hay crisis, hay desempleo. El poder adquisitivo ha disminuido. Y los dueños de los negocios continuarán despidiendo a los empleados, la expansión de la producción cesará. No hay necesidad de esto, ni tampoco la habrá.

¿Qué hará que la persona, pague finalmente, por un curso de formación de la Sabiduría de la Conexión?

El gobierno tendrá que hacerlo. Nosotros trabajaremos sólo para proveernos de lo necesario para nuestra subsistencia, y el resto, lo invertiremos en la educación, en el paso hacia el próximo nivel. Es la ley de la naturaleza.

Podemos ver lo que sucede en los países árabes, 100.000 personas salen a las calles, y el gobierno no puede hacer nada. ¿Qué harán estos gobiernos? La gente no tiene hacia dónde escapar, los matan allí mismo. ¿Hacia dónde escapará ese multimillonario? Hoy en día, no hay ningún sitio en el mundo a donde pueda escapar y esconderse. Todas las inversiones, los bancos, las empresas, todo es transparente a todo el mundo, cada uno está expuesto ante todos, todos ven todo, todo está filmado, ya no es como era antes.

Supongamos que te escapas a algún lugar de la tundra y vives en alguna choza. ¿Ese sería tu futuro? Aquí se esconde la trampa. Es evidente, que todos los gobiernos de los países árabes tienen ejércitos, dinero, poder - todo, y ¿qué les sucede finalmente? La gente sale a las calles, y ya no se puede "aplastarlas", porque los tiempos cambiaron. Los gobiernos ya no pueden actuar según sus deseos ni siquiera a través del ejército y la policía secreta, y esto será imposible también en el resto de los países.

¿Cómo cayó la unión soviética? No está del todo claro. ¿Dónde estaba el ejército, la KGB, esa masa de gente que se ocupaba de cuidar el régimen? De repente, la unión soviética desapareció. No se sabe cómo. ¿Quién es el culpable? Nadie, son las épocas, el resultado del desarrollo social.

Lo mismo sucede hoy en día. Pronto serán expulsadas del círculo laboral millones de personas. Es una masa significativa en relación con todo el mundo, puesto que estos desempleados harán que sus gobiernos den comienzo a una guerra atómica, porque no habrá otra opción. Por lo tanto, hay que explicar a esos millones lo que la naturaleza exige de nosotros. Debemos proporcionarles las necesidades básicas, y la sensación de satisfacción y alegría la recibirán a través de la Sabiduría de la Conexión. Es una necesidad derivada de las leyes objetivas de la naturaleza.

¿Podemos discutir lo que sucede en los países árabes en los grupos de la Sabiduría de la Conexión?

Sí, y no sólo en los países árabes, sino en todas partes. Podemos usar estos eventos como ejemplos para mostrar lo que no funciona, qué ocurre cuando el pueblo es reprimido, qué le pasa a las dictaduras, y qué le puede pasar a los demás. De aquí podremos deducir, que en definitiva, el número de personas descontentas va en aumento, incluso las que reciben subsidio por desempleo. Hoy en día, en Norte América, la gente hace colas para recibir una comida gratis, se trata de millones de personas, que la mitad de ellas no puede sustentarse durante todo el mes. Hay problemas con las asignaciones monetarias, con el sistema de salud, con todo. No se puede continuar imprimiendo billetes.

El país que sufrirá los daños a raíz de la situación económica de Norte América, es China. Por ser éste el mayor fabricante de productos, es quien se verá damnificado por el significativo descenso adquisitivo de Norte América. Y dentro de este proceso, será gradualmente absorbido el resto de los países, cuando en todos ellos, mucho personal de trabajo sea expulsado del círculo laboral. ¿Qué pasaría si en China, 100-200 millones de personas se quedaran sin trabajo? Actualmente, estas personas se encuentran en ciudades donde viven millones de habitantes, y no es posible regresarlas a las aldeas, y convertirlas nuevamente en campesinos incultos que se conforman con un plato de arroz al día. En China, una sola fábrica emplea hasta 50.000 personas, esto es un grave problema. No hay otra solución. Para evitar el estallido de una guerra, debemos mostrar que la Sabiduría de la Conexión -que está dirigida a la armonía con la naturaleza- es nuestra salvación y el camino correcto. Porque incluso si estallara una guerra, quedaríamos entre ruinas y tendríamos que hacer lo mismo. Sólo que en este caso, lo haremos porque el sufrimiento nos empujará hacia ese mismo punto. Por lo tanto, debemos desplegar toda esta imagen y exponerla ante todos.

Entorno de responsabilidad mutua

En una charla de un grupo de sicoterapia, una mujer dijo que no se podía permitir tener un hijo, porque no podría mantenerlo, e incluso, no podría comprar el cochecito para el niño. Uno de los hombres le dijo: "trae ese hijo al mundo y verás que alguien ya te traerá el cochecito, sencillamente te lo darán, y todo estará bien"

En la sociedad integral, la persona que se ocupa de su propia corrección, tarde o temprano, llegará al estado en el cual la naturaleza le completará todo. ¿Cómo se puede explicar esto a una persona? ¿Acaso la mujer tiene que pensar en el cochecito cuando está dando a luz, o tiene que traer el niño al mundo, y luego, que pase lo que pase?

Es imposible hablar a una persona sobre un sistema que se encuentra por encima de ella. Es el sistema "humano", al cual aspiramos. Aunque en muchas técnicas prácticas las personas utilizan este enfoque cuando aspiran a cierto nivel y tratan de atraer hacia ellas esta fuerza futura. Pero decirle a la persona: compórtate de cierta forma con la esperanza de que todo se arreglará, y verás que de verdad todo se arreglará - es problemático. Resulta prácticamente imposible, en este momento, probar que esta técnica funciona, y por eso, es difícil trabajar con ella.

Cuando el individuo se integra a una sociedad que crea para él un entorno de responsabilidad mutua, éste puede comportarse de esta manera, porque se siente seguro y percibe que se encuentra en las buenas manos de la sociedad. Pero para poder sentir esto, debe integrarse en ella, participar en ella de forma activa, aceptar, percibir esta sociedad como perfecta. Y entonces, de manera natural él despertará esas fuerzas de la naturaleza y estos mismos movimientos por parte del entorno, que realmente le traerán el "cochecito".

Los psicólogos y sociólogos dicen que nos encontramos en un campo estimulado por nosotros, y de acuerdo a ello, éste reacciona y actúa sobre nosotros. Este campo, es algo que nosotros entendemos y sentimos que existe. Es nuestra inteligencia colectiva, nuestro deseo común, nuestra influencia inconsciente del uno sobre el otro, es la opinión social. Y de todas maneras, debemos trabajar cuidadosamente con este enfoque, porque la gente no puede captar de inmediato cosas tan delicadas. Por eso no tiene sentido decirle a la mujer: "trae tu hijo al mundo y recibirás el cochecito". ¿De dónde proviene esa seguridad? ¿En qué te basas? Así, simplemente haces el ridículo ante los demás y pasas por un ser irreal y poco serio, yo no creo que esta sea la actitud correcta.

Hay que anteponer a esto la educación, y sólo después, este enfoque podrá ser implementado en la práctica. Hay que demostrar a la gente en qué te basas, y ellos mismos comenzarán a proponer soluciones. No se les puede forzar a comportarse de una u otra manera. Ellos, por si mismos, por medio de las explicaciones, verán que probablemente es así como funciona. Esto es lo que se llama "educa al niño de acuerdo a su naturaleza". Es decir, actúa de manera en que el propio individuo busque a tientas su camino, entonces, él por sí mismo, elige lo correcto.

¿Cómo salir de la "jaula" de los estereotipos?

La mayoría de las personas no es capaz de expresar sus deseos o sus pensamientos. Existe en ellas sólo una colección de clichés predeterminados; el hombre no piensa en su propia expresión, sino que se preocupa solamente de no decir algo de más.

En el curso de la Sabiduría de la Conexión nosotros podemos hablar sobre la gran importancia de la expresión interna. ¿Es lo que siento, pienso, o veo, más importante que la colección de estereotipos y clichés?

Cuando observo el mundo, veo personas cerradas. Ellas no quieren abrirse, temen hacerlo, porque inmediatamente recibirán una reacción negativa.

En este tema, hay que dejarlas tranquilas. Que cada una "esté dentro de sí", tal como es. No es necesario sofocarla, no hace falta sacarla forzosamente de su "jaula", cuando ella se está negando, cuando no quiere salir de allí. Si rompemos la puerta, y la jalamos hacia fuera por la fuerza, despertaremos su resistencia, y dejará de confiar en nosotros. De este modo, no se lo hacemos más fácil, sino más difícil. Toda su vida ella se ocultará. Verá que abrirse es como traicionarse a sí misma. Si la sacamos a la fuerza, se despertará en ella sólo resistencia.

Hay que crear un nivel integral común, fuera del individuo, fuera de nosotros mismos, entonces, podremos elevarnos tranquilamente hacia él. Yo quedo como soy, con mis atributos, y junto con esto, me conecto con los demás en ese nivel conjunto. Yo puedo hablar sobre el amor común, sobre la cooperación y la responsabilidad mutua entre todos, porque estas no forman parte de mis cosas personales y egoístas. Mientras tanto, nosotros no tocamos el ego.

Llevamos al individuo, supuestamente hacia un viaje espacial mágico, y él participa en este juego. Está de acuerdo con subir, está de acuerdo con jugar, y también con comunicarse con los demás. Esto no lo obliga a abrirse, no lo obliga a traicionarse a sí mismo, no amenaza su estrecho ego interior. Hay que permitir a la gente sentir gradualmente este estado, existir en él. Que sientan un poco de "calor" en su interior, que se "fundan", que se "palpen" levemente, que se toquen uno al otro, que entiendan que esto es posible. Y entonces, dentro de esta situación, comenzarán a auto-influenciarse, y de esta manera, cambiarán. Y de repente, descubrirán que no necesitan de la "jaula" en la cual estaban encerradas todo el tiempo y se escondían unas de las otras. Esta jaula dejó de ser importante para ellas. Pero lo tienen que entender por sí mismas.

Entonces, ¿sobre qué hablar con el individuo?

Sobre el objetivo, sobre lo que se avecina. Hay que elevar la importancia de la meta, que lo bueno nos atraiga, en vez de que lo malo nos empuje desde atrás. Exactamente sobre esto hay que hablar. El individuo se desarrolla cuando tú lo alimentas y lo cuidas. Se vuelve "regordete" como un niño, y crece. Él necesita de las mejores impresiones.

Armonía conmigo mismo

¿Es posible, acaso, discutir en el curso de la Sabiduría de la Conexión los problemas de la vida cotidiana, agregándolos cada vez a la idea integral?

Si decimos que lo individual y lo general son equivalentes, significa que se pueden aplicar las ideas que estudiamos dentro de la familia. Es decir, inmediatamente pasamos del corte de la clase, del grupo, a la familia, y creamos en ella las condiciones integrales. Esto no es una invasión al espíritu del prójimo. Nosotros nos ocupamos de crear una familia que es algo compartido, por encima de nosotros, un sitio en el cual tú y yo somos "nosotros". Después, de manera automática, agregamos a los niños, y también ellos pasan a ser parte de este sistema integral. Creamos nuevas relaciones en la familia.

Lo principal es no presionar a nadie, ya que el desarrollo normal y correcto incluye la armonía interna de la persona con sus cualidades innatas. Yo no debo ocultarlas, neutralizarlas o disminuirlas, sino llegar a un estado en el cual se revelen totalmente. No sabemos bien para qué debemos conservar nuestras cualidades negativas, como la fraudulencia, envidia, odio, y temor. Porque en el estado final del equilibrio, todas ellas tienen su propia implementación. Poco a poco, de acuerdo a su medida de desarrollo, la persona verá que necesita sus cualidades negativas, que las utiliza en sus formas opuestas, cuando los temores lo fuerzan a ser integral, lo sacamos de "sí mismo" y no lo empujamos hacia adentro.

Capítulo 9
Nacer a un nuevo mundo

Principios del capítulo:

- Los deseos de la persona tendrán que incluirse en los deseos del entorno
- Paralelismo entre el estado de nacimiento del feto y el nacimiento del grupo a la nueva fase de unión integral dentro del nuevo mundo.
- El sitio que ocupan los sentimientos en la Sabiduría de la Conexión.
- El alto estado de ánimo dentro del grupo surge del trabajo correcto que asiste al trabajo integral.
- Reglamento, normas de entrada al grupo integral y salida del mismo.
- Capacitación profesional en el grupo integral.

A través de los lentes integrales

El método de la Sabiduría de la Conexión destaca la importancia de la relación entre intelecto y sentimiento. En el mundo egoísta, por motivos de la gran alienación entre las personas, los pensamientos y deseos están ocultos profundamente en el interior de las mismas, y generalmente no tienen acceso a su propia conciencia. Hacia afuera, generalmente, uno expresa sentimientos negativos como ira, irritación, ofensa. ¿Cómo se pueden expresar los sentimientos sin que interfieran en la comunicación entre las personas?

Según la Sabiduría de la Conexión, los sentimientos y deseos son primarios, y las capacidades de nuestra mente y pensamiento, están destinadas a concretar los sentimientos y llenar nuestros deseos. Pero en realidad no está claro cómo y dónde se crean en nosotros el sentimiento y el deseo.

Nuestro deseo básico es el deseo de disfrutar. De qué forma, de qué o de quién disfrutar - eso ya actúa fuera de ese deseo. Por eso, nuestra mente se desarrolla sólo de acuerdo a la medida de nuestros deseos, y sólo para servirlos. Grandes deseos desarrollan un gran intelecto. Según este principio, el ego que fue creciendo a través de las generaciones, y también durante la vida de la persona, es el que produce el desarrollo de su mente.

Tomemos como ejemplo un animal recién nacido. Después de varias semanas de crecimiento, su desarrollo alcanza su completamiento. El animal ya controla todos los instintos interiores, y se adapta al ámbito en el cual vive. Por eso, los animales nunca se equivocan, ellos saben cómo comportarse, cómo cuidarse y cómo actuar respecto al entorno de forma recíproca. Es decir, tienen un equilibrio instintivo entre la mente y el sentimiento. También en ellos, el deseo es primario y la mente secundaria. Un animal entiende cuáles son los deseos que puede realizar y cuáles no, y por eso, su mente está limitada consecuentemente.

El hombre tiene un gran problema, porque su ego se desarrolla y genera en él deseos que es incapaz de concretar, y por eso, se cierra, se bloquea, se va haciendo más cruel, más competitivo, etc. Si la persona colocará sus deseos en relación a los deseos de los demás, de manera que los suyos y los de su entorno social se complementen entre sí armoniosamente, no tendría conflictos ni choques, y su mente se desarrollaría sin límites.

Debido a que la sociedad integral es la integración de todos en todos, resulta, que el individuo recibe -en realidad-, los deseos de la sociedad en la cual se halla. Uno logra comprender de qué vive la sociedad que lo rodea, y de acuerdo a esto, su mente se convierte en integral y no personal, y dentro de esta situación uno comienza a juzgar. Supuestamente, lleva gafas y enfoque integrales, y comienza a comprender que él y el mundo son un todo, y que lo que es bueno para él y lo que es bueno para el mundo, es la misma cosa.

Si las relaciones entre él y el mundo que lo rodea son recíprocas y armónicas, no existe ninguna posibilidad de enfrentamiento. Tranquilamente, puede desarrollarse sin temor de nada. Y como resultado, comprende, ve, y siente todo, y participa en cada actividad de forma activa. Los motivos por los cuales está desconforme, o por los cuales compite con alguien - desaparecen.

Es decir, nosotros debemos llevar al individuo a un estado de equilibrio con el mundo que lo rodea. No limitar sus deseos o pensamientos, sino actuar con ellos de forma totalmente diferente. Desde el comienzo, hay que crear en él un anhelo de integrarse a los demás, crear con ellos un deseo común. Ese deseo común general es, en realidad, ese nuevo elemento que nosotros creamos, y que se denomina "sistema humano" – nuestro deseo común, y en consecuencia, nuestra mente común. Este es un sistema que se crea por encima de nosotros, un sistema integral, y dentro del cual nosotros existimos.

Nosotros no observamos al hombre en sí, sino la dirección de su desarrollo, su integración dentro de la unión que es el próximo escalón de nuestra evolución. Nosotros no limitamos en nada al individuo, él no siente que se encuentra bajo algún tipo de presión, no necesita ocultar nada, permanece tal cual es, y su desarrollo es en pos de la integralidad.

La armonía entre la mente y el sentimiento se desarrolla en el grado en que la persona comienza a sentir un vínculo mutuo entre ella y los demás. Esta conexión, es lo que nos dicta el mundo hoy día, pero nosotros, aún no estamos preparados para ello. La Sabiduría de la Conexión debe brindar a la persona una orientación, para que comience a sentir el "nosotros", la generalidad, la humanidad, y comience a actuar desde esta sensación y sólo entonces, se sentirá libre. Justamente, cuando esté conectada al estado de generalidad, se manifestará su libre albedrío, su libertad de acción. Pero si se sale de este estado, entonces, nuevamente caerá dentro de su pequeño y estrecho ego, y otra vez comenzarán los mismos problemas. Es decir, la naturaleza nos ayuda mostrándonos que sólo dentro de la integración la persona encuentra tranquilidad. Y cuando se encierra dentro de sí misma, se encuentra en una celda personal y falta de libertad.

Libertad dentro de los estrechos límites de la rutina

Escuché una vez de alguien, que para él, la sensación de libertad está precisamente dentro del marco de sus responsabilidades, como el trabajo, los niños, la familia, los trabajos domésticos, etc. Es decir, con estas obligaciones uno se siente libre, y sin ellas perdería la libertad.

Es verdad, sin un marco definido, es difícil para la persona determinar qué es y qué no es libertad, y uno pierde el control, porque la libertad total la percibe como la falta total de libertad.

La libertad, como cualquier otro sentimiento, es posible de determinar - comparando entre algo negativo y algo positivo dentro de la persona. Por eso, uno siente libertad cuando tiene límites, y cuando puede actuar y existir dentro de ellos con comodidad.

Es decir, enfrentarlos, cumplir con sus obligaciones, y obtener a través de esto satisfacción y placer. Eso es lo que la persona siente como libertad.

En nuestra sociedad, cuando de acuerdo al plan de la naturaleza nos convertimos forzadamente en más y más integrales, no sentimos que somos capaces de crear entornos correctos, porque se van destruyendo constantemente. Por un lado, estamos cada vez más interconectados con los demás, y por el otro, incluso en nuestros marcos individuales, dentro de estos límites, no sentimos que somos capaces de hacer algo por nuestras propias fuerzas, porque dependemos de muchos factores externos. Por lo tanto, justamente salir de nuestros propios límites, hacia los límites del sistema integral, es lo que nos brinda el sentimiento de libertad. Es decir, la naturaleza nos empuja forzosamente a que no podamos existir dentro de nuestros marcos interiores, en el trabajo, en la familia, en la casa, afuera, y que en todas partes nos sintamos forzados por alguna necesidad, a estar en una constante lucha, en una supervivencia. Por lo tanto, es necesario mostrar a las personas que es posible obtener la libertad sólo cuando cooperamos recíprocamente con los demás global y armónicamente.

Cuando hablamos sobre el nivel material, hablamos sobre el nivel egoísta de la persona, que se preocupa sólo de su pequeño y cómodo entorno. Por ejemplo una mujer, que tiene su casa, familia, niños, que tiene un compromiso con ellos, y también tiene la fuerza y la capacidad de sustentar su pequeño hogar, obtiene un sentimiento de seguridad, libertad y realización total.

Para el hombre moderno la situación no es tan sencilla, y tampoco lo es para las mujeres modernas, porque ellas aspiran a hacer negocios, a realizarse; aunque también en nuestros tiempos, el deseo principal y básico de la mujer sigue orientado hacia la familia, hacia el orden familiar.

Hoy en día vemos que las familias se desintegran. De acuerdo a los últimos datos estadísticos, más del 40% son familias mono parentales. Es como si la persona hubiese sido expulsada de su pequeña unidad familiar, en la cual se siente cómoda, donde está apoyada por sus parientes, y en la cual puede ocuparse de los asuntos domésticos y adquirir lo que le sea indispensable. El hombre es empujado forzosamente y en contra de su voluntad, a ocuparse de algo mucho más grande que de sus necesidades básicas. Nosotros estamos conectados con los demás, y nuestra tranquilidad interior depende del mundo exterior. Por lo tanto, la Sabiduría de la Conexión es indispensable para poder compensar la falta de seguridad, el temor y la falta de libertad. Una libertad que adquirimos en contra de nuestra naturaleza egoísta, en nuestro nivel actual.

Así, de hecho, ascendemos al próximo nivel: yo me incluyo en los demás, adquiero deseos y mente comunes, y entonces, juntos, de forma compartida, decidimos y solucionamos todos los problemas. No podemos solucionarlos de otra forma, a no ser de manera recíproca; sólo entonces, uno se siente libre.

Mi libertad depende sólo de mí, no depende de los demás, porque con el tiempo, yo ve al resto de las personas que forman parte del grupo, totalmente integrales, como si estuvieran en un estado de responsabilidad mutua, de conexión, y yo comienzo a sentir dónde debo agregar y corregirme. De hecho, así siente cada uno de los componentes del grupo en relación a los demás.

En la persona nace una nueva necesidad - la necesidad de un anhelo incesante de unión verdadera con todas las demás personas. Este es un nivel totalmente nuevo. Es aún un nivel egoísta, pero en un grado diferente, deseado, en el cual yo ya siento lo que me falta para llegar a la integración total. Y cuando penetro en el interior de este nivel, cuando hago una revolución psicológica interna a través de cambios personales opuestos a mí, que actúa como acelerador, entonces, precisamente dentro de este nivel, yo realmente adquiero la libertad.

Es como un feto, que antes de salir de las entrañas de su madre, se da vuelta colocándose con la cabeza hacia abajo, aparentemente pierde todo lo que tenía antes, y aparece en un nuevo mundo. Así también, nosotros debemos voltear nuestras cabezas, debemos empezar a entender el mundo de manera diferente, para que podamos nacer dentro del nuevo mundo integral.

El proceso de inversión del feto en el vientre de su madre es el resultado de la activación de los instintos fisiológicos. ¿Qué causa la inversión psicológica? ¿Cómo actúa este mecanismo?

En el momento del parto, hay presión también por parte de la madre, como la fuerza impulsora, conocida como contracciones de parto, y también por parte del feto, que en cierta medida ayuda en este proceso y avanza hacia adelante. El parto es un proceso muy serio y para nada sencillo, incluso trágico, en cierta medida, y también peligroso, tanto para la madre como para el niño.

También en el nacimiento de nuestro nuevo estado, deben participar fuerzas de repulsión muy serias. La naturaleza se encarga de eso, y nos empuja a salir afuera a través de crisis en diferentes terrenos, como crisis familiar, personal, social, económica, ecológica, y en realidad, en todos los campos en los que nos desempeñamos, es decir, todo lo que compone nuestro "útero".

En el mundo de hoy, gradualmente, todo se pone en contra de nosotros. Esas son las fuerzas impulsoras, las contracciones de parto. Estas fuerzas aún no han llegado a su máxima potencia, pero lo harán en breve. Basándonos en nuestras crisis anteriores, se puede decir que esta última crisis económica que se está desatando en nuestros días, realmente amenaza nuestras vidas.

Por un lado, ya nos acercamos al último nivel, es decir, estamos próximos al parto, y por otro lado, en nuestro interior, en nuestra situación actual, nos sentimos incómodos. Entramos en depresión, nos topamos con todo tipo de problemas, consumimos drogas y no logramos encontrar la tranquilidad y el equilibrio interior. Ya no es sólo el mundo exterior que nos molesta, sino que dentro de nosotros mismos no conseguimos encontrar nuestra paz interior. Aunque nos desconectáramos por un instante del mundo exterior, nada cambiaría. Dentro nuestro se producen muchas luchas internas, presiones, y nosotros realmente deseamos salir de ellas, pero no lo logramos. Si las luchas y presiones internas de cada uno se unieran y se agruparan en una sola fuerza, en un solo esfuerzo, éstas se sumarían a las fuerzas impulsoras de las contracciones de parto, y con su ayuda, lograríamos nacer al nuevo nivel, al nivel de humano.

Es posible mitigar este proceso de nacimiento, no con la ayuda de parteras o médicos especializados, sino con ayuda de fuerzas auxiliares del entorno, como la opinión e influencia del mismo, la presión ambiental, etc. Esto es lo que sucede cuando nos unimos en una imagen única y uniforme que debe de nacer. El entorno es el que se preocupa de la recolección e integración de todas las fuerzas externas que nos rodean, se preocupa también de los debates, las explicaciones, las aclaraciones, lo que hace que la persona entienda el proceso desde adentro.

El proceso de parto ocurre también durante el proceso educativo, cuando tratamos de aclarar cuáles son nuestras acciones, cuál es nuestra historia, nuestra meta, el fundamento de todas nuestras luchas, y no sólo con el fin de encontrar sus orígenes, sino también para aclarar sus propósitos. Lo hacemos para llegar al estado en el cual todos estemos como un único feto dentro del vientre de una madre naturaleza diferente, que seamos expulsados desde su interior hacia afuera, hacia el próximo nivel, como la madre que anhela dar a luz al feto, y que el propio feto, también contribuye a ello.

Nuestra ayuda a la naturaleza es indispensable. Ella determina si nuestro parto será trágico, o si será agradable y fácil por la ayuda del líquido amniótico de la madre. El "Agua" es algo que suaviza la acción, y cuando nosotros nos acercamos a la acción de forma positiva, podemos fácilmente pasar una revolución psicológica-espiritual-natural.

La parte del hombre como feto en el proceso del nacimiento hacia el nuevo estado, ¿es paralela a su participación activa en el grupo de la Sabiduría de la Conexión?

El individuo debe pertenecer a un grupo, porque el grupo es el feto. Es decir, es el cuerpo que une en su interior a aquellos que están conectados entre sí integralmente y que están listos para el parto, y no a una sola persona, porque una sola persona no puede nacer. Al principio, se organizan grupos pequeños, después grupos más grandes y luego la cantidad de grupos va aumentando. Cuando los integrantes del grupo comienzan a entenderse entre ellos, se vuelven como un solo cuerpo dentro del grupo y entonces cada grupo representa una imagen uniforme en relación al otro. Así, ellos comienzan a unirse, como células dentro de los órganos del cuerpo, y todos los órganos juntos dentro de un solo cuerpo.

Expresiones emocionales en las etapas de transición

De acuerdo a la teoría psicológica, el recién nacido pasa por dos etapas: la primera etapa del nacimiento, es una bastante cómoda para el niño, mientras que la segunda y la tercera etapa, de la necesidad y de la lucha dramática entre lo bueno y lo malo respectivamente, son consideradas difíciles. ¿Es correcto comparar el proceso por el cual atraviesa hoy en día la humanidad con estas dos etapas?

No tenemos que pasar por estas etapas de manera tan dramática, no es necesario. Si optamos por desarrollarnos únicamente bajo las presiones de la naturaleza, nos será difícil pasar el proceso de nacimiento al nuevo mundo, porque la naturaleza nos desarrolla a través de las fuerzas impulsoras, sin mitigarlas, es decir, por lo que se llama "el camino de sufrimientos". Por este camino, sentiremos incomprensión, indiferencia, impotencia y pérdida de orientación. Sentiremos que fuimos empujados hacia un rincón sin poder respirar ni movernos. Cada movimiento que hagamos producirá grandes sufrimientos, tanto internos como externos y también sociales, y no sabremos cómo ni hacia dónde ir.

La actual crisis europea es un caso representativo, y nos muestra que no importa hacia dónde nos dirigimos o qué hacemos, la situación no hará más que empeorar. Algunas veces, nos parece que es preferible no hacer nada, pero el estado de inactividad nos atemoriza más, porque entonces, rodamos sin entender hacia dónde. Será interesante seguir el proceso de desarrollo de esta crisis. Aún no hemos dejado la crisis atrás, y queda todavía un largo camino para ponerle fin. Ésta terminará precisamente con el nacimiento de nuestro nuevo estado.

La crisis mundial sólo irá empeorando, incluso cuando haya épocas de calma. Es como tener un momento de descanso entre las contracciones de parto, sabiendo que éstas aumentarán gradualmente. Por lo tanto, aunque viniera una etapa de relativa tranquilidad, la gente ya no se engañaría con que la crisis está llegando a su fin, porque lograron aprender con todos los golpes que recibieron, que todo vuelve.

Debemos llegar a sentir que nos encontramos dentro de una trampa, y que la calma nos fue otorgada sólo para que entendamos cómo actuar, y para que nosotros mismos empecemos a desear un avance hacia la salida, a través del cuello del útero, que se va haciendo más y más estrecho, y produce una integralidad cada vez mayor entre nosotros. Hasta que no sintamos esto, no lo entenderemos. Es decir, cuando sintamos necesidad, ya sea a través de sufrimientos o por medio de la opinión pública en lugar de sufrimientos, sólo entonces comprenderemos, que con la ayuda de una integración mayor, con ayuda de la concentración de todos en un todo unificado, lograremos pasar este nacimiento con conciencia, con comprensión. Lo más importante aquí es la conciencia, ya que el individuo es capaz de superar todos los problemas, e incluso, algunas veces, él mismo se crea los obstáculos a propósito, se fija a si mismo objetivos, y esto es para desarrollarse y finalmente, llegar a la meta que se propuso. Y si nos empeñamos a no entender cuál es el objetivo de la naturaleza, ésta nos empujará a través de sufrimientos. Cada vez que en Europa se habla de la desintegración del Mercado Común como solución a la crisis, debemos saber, que un paso como este es totalmente contrario al movimiento de la naturaleza. Europa deberá entender que no hay vuelta atrás.

Ha hablado ahora sobre las terribles situaciones hacia las cuales se va acercando la humanidad. A veces, también en el hombre, las presiones y el desespero se hacen insoportables, tanto que llega sencillamente a saltar por la ventana, se suicida.

Estas situaciones son difíciles, y se manifiestan a través de terribles guerras, de sufrimientos, de exterminios, y la muerte parece una salvación a esta situación, pero la muerte no llega. Es decir, la persona tiene que pasar por grandes sufrimientos, y la muerte no es la salida. Estos sufrimientos tienen que acumularse en cantidad suficientemente grande, para que nos presione a ver la necesidad de elevarnos al nuevo estado.

Cuando hablamos sobre los sentimientos, ¿cuál es el nivel óptimo de emoción en el grupo de estudio integral, hay lugar para el llanto?

Claro que sí. Vemos hombres llorando cuando se encuentran bajo la influencia del grupo. De pronto, estallan en ellos sentimientos muy potentes. No se pueden contener, y tampoco ven motivo alguno para no exponer sus sentimientos, por supuesto que existen restricciones, pero generalmente, un gran estallido de emociones conduce al llanto - llanto de alegría, de liberación, de una salida de energía positiva en diferentes formas, y es natural, porque este proceso es muy emocional. Los sentimientos son nuestra esencia, y el papel de la mente es reprimirlos, como hacemos nosotros en nuestras vidas, o por el contrario, podemos aplicarlos a nuestro favor, y eso es lo que tratamos de conseguir mediante la Sabiduría de la Conexión.

Sensación de elevación del espíritu

Cuando se pasan varias horas diarias en un grupo de la Sabiduría de la Conexión, ¿hay lugar para la música, para cantos, para llegar a la elevación del ánimo?

En las actividades realizadas en el marco de la Sabiduría de la Conexión, todo el tiempo intentamos estar con una sensación de entusiasmo, pero no actuado, sino tratando de investigar esa situación en nosotros mismos. De esta forma comenzamos a sentir cuánto está conectado este estado con la naturaleza, y cuánto constituye para nosotros el propósito de nuestro desarrollo, el propósito de la naturaleza. Si el estado de elevación que nosotros creamos es forzado, antinatural, entonces, no tiene ningún beneficio, y más aún, puede ser perjudicial. Una conexión interpersonal es buena y correcta cuando no se reprime a nadie, y cuando todos tratan de trabajar en cooperación. Una conexión de esta índole se manifiesta a través de muchísima energía positiva y crea una situación en la cual la persona no quiere salir de ella. El individuo descubre que no se aburre, que esta situación no le es difícil, y podría permanecer en ella para siempre. Se va a dormir y se levanta con este estado, y empieza a sentir que en su interior están ocultas todas las posibilidades para su realización personal, realización dentro de sí mismo, dentro de la sociedad, y dentro del nuevo nivel que él adquiere. Empieza a ver, que en relación a situaciones anteriores, esta es mucho más amplia, mucho más elevada, y abre ante él toda posibilidad para entrar en armonía.

Como un músico, que escucha una composición de Mozart o Beethoven y la compara con una melodía desafinada. Es así como la persona capta la diferencia entre su vida privada anterior, su vida personal, y la armonía que descubre ahora. Al principio, más de una vez sentirá cansancio, ya que hay que invertir en esta conexión esfuerzos interiores, emocionales, pero con el tiempo, después de un período, no podrá estar sin la conexión al grupo. La conexión se transforma en su vida, se convierte en una necesidad. Uno descubre que toda la naturaleza se encuentra en armonía, y no hay nada más que eso. Empieza a comprender y aceptar el hecho de que su anterior nivel de existencia se resumía solamente en preocuparse por su cuerpo, es decir, era un nivel de existencia en nivel animal, y en cambio, el nivel "humano", es precisamente la imagen colectiva que uno construye con los demás en la sociedad.

El grupo es fuerza

En el proceso de interacción integral, debe aparecer una tensión entre el ego del individuo y su trabajo de elevación dentro del "nosotros" general. De mi experiencia en el trabajo de sicoterapia, sé que algunas veces las personas no logran afrontar esta tensión que aparece, abren la puerta y salen corriendo. Y los que logran soportarla, son los que avanzan. ¿Podría usted decir cuán importante es la paciencia en todo este proceso?

La persona necesita apoyo del entorno, que le dé la comprensión de que no existe otra opción, y que es posible atravesar este camino. Si uno se encuentra con alguna resistencia, significa que no está conectado con el entorno, porque éste podría haberlo contenido, reforzado, y transformado su esfuerzo en un camino simple y cómodo.

La sociedad puede brindar al individuo la sensación de que nada atemoriza, que todo es fácil y sencillo, si lo hace junto a los demás. Sin embargo, si trata de hacerlo solo, se revelan fuerzas que lo expelen hacia afuera. La naturaleza está estructurada de manera que todo está encausado hacia la unión, la conexión. En tu experiencia terapéutica, podría ser que este elemento de apoyo del grupo y su influencia sobre la persona no exista lo suficiente. Incluso en los grupos para perder peso o de rehabilitación del alcoholismo o las drogas, es sabido que el grupo es fuerza.

En cada organización se determina un modelo de comportamiento que dicta lo que está permitido y lo que está prohibido. En algunas organizaciones este modelo es llamado "reglamento". ¿Cómo debe estar compuesto el reglamento del grupo de la Sabiduría de la Conexión, cuál es su fundamento?

La imagen de nuestro futuro estado es la que nos compromete. Es la imagen que aspiramos alcanzar. Esta debe ser conocida y reconocida por todo el grupo y por cada uno de nosotros en medida y fuerza tales, que en cada uno aparezcan deseos y fuerzas para conseguirla. Debemos pensar constantemente en la grandeza de esta meta, más que en todas las otras metas egoístas, o en todos los rumbos diferentes que puedan presentarse en nosotros. Es muy importante que el individuo reciba un apoyo constante del grupo, de la familia. Si un integrante de la familia se opone a sus estudios, crea grandes problemas, y por lo general, la persona no logra avanzar, porque la influencia de la familia es muy grande.

Tenemos claro que en nuestros tiempos la persona se encuentra sola la mayor parte del tiempo, y esto ha sido hecho a propósito por la naturaleza, para facilitarle el camino a la integración. No estamos sujetos a la sensación de familia, de tribu, de pueblo, o de alguna clase de estructura social, sino que todos somos "móviles", por eso, nos es más fácil llegar a la integración. Este es el motivo por el cual debemos preocuparnos de que el grupo nos acompañe, incluso, cuando no estemos físicamente presentes.

Hoy, es fácil conseguirlo con ayuda de los medios de comunicación. Hoy en día, todos tienen reproductores de audio portátiles, de modo que una persona puede grabar lecciones, charlas, canciones, y cuando llega a su casa tiene en la computadora toda la información y todo lo que fue transmitido en los encuentros grupales y en las clases compartidas. El individuo debe repasar la información y estar conectado a ella. Nosotros debemos crear también películas, videoclips, etc.

Respecto al reglamento: todo lo que está a favor de la sociedad es lo primordial, pero antes, lo más importante de todo, es la existencia básica de cada uno de nosotros. Las necesidades más básicas son: alimentación, vivienda, familia, sexo, todo lo que define nuestras vidas. Luego, están los deseos sociales, que son riqueza, honor, poder, conocimientos. Esta, es ya una estructura egoísta que está por encima de las necesidades básicas, que no son necesarias para nuestra existencia. Debemos traspasar estos deseos sociales a un nuevo espacio: "riqueza" es el llenado que la persona recibe dentro del grupo; "control", "honor", son el incentivo y el apoyo que recibe del grupo como recompensa por hallarse en él. El individuo se siente como parte esencial dentro del sistema integral, como que todo el sistema depende de él; y "conocimientos", son, por supuesto, los conocimientos de todo el sistema de la naturaleza, de todo el proceso que nosotros atravesamos.

Por lo tanto, el entendimiento de esta estructura, de los valores dentro de la persona, es indispensable para la existencia de la misma como elemento corporal vivo, como elemento social, y la definición de esta estructura, debe formularse claramente en los reglamentos. Antes que nada, debemos cerciorarnos de que el individuo no tiene que preocupase por su existencia material y física, se debe garantizar en un nivel lógico.

¿La persona debe cumplir el reglamento ya desde los primeros días, o este compromiso es algo que aparece después de un tiempo, de acuerdo a la madurez de la persona?

Esta obligación aparece después de cierto período, cuando las personas maduran y pueden ya reconocer la necesidad de este orden de existencia. Las relaciones entre los miembros del grupo deben ser constantemente positivas y alegres. Cada uno debe mostrar a los demás que la meta le es importante. Todos experimentan altos y bajos, diferentes situaciones, y aun así, debemos aportar al grupo solamente la influencia positiva, y todas las influencias negativas desaparecerán por sí mismas bajo las influencias positivas que se reciben del grupo, hasta el punto tal, que lograremos el estado de "Ama a tu prójimo como a ti mismo".

Superar lo material
¿Existe, acaso, alguna línea roja que no se deba atravesar en el grupo, alguna acción que el grupo no toleraría si alguien realizara? Por ejemplo, en un grupo que pasa un tratamiento de sicoterapia,

está prohibido utilizar la fuerza física. ¿Existen definiciones claras como ésta en un grupo de la Sabiduría de la Conexión?

No me topé en el grupo con casos donde se usara la fuerza física, pero pienso, que no deben ser considerados como línea roja. Supongo, que a veces sacamos las energías negativas en alguien, pero esto, aparentemente sucede en estados de confusión. Yo creo que todos perdonarían a ese individuo, e incluso, aquel que fue agredido también lo perdonaría, si este caso nos llevara al reconocimiento del mal, y más adelante a la corrección.

Nosotros comenzamos con un nivel muy bajo de egoísmo, de hábitos que se formaron en nosotros por nuestra sociedad anterior. Y todo lo que hay en nosotros debemos corregirlo. El uso de la fuerza física no es un motivo para sacar a alguien del grupo. El grupo entenderá si sucede un caso semejante de violencia, podría ser incluso una reincidencia a las drogas, al alcohol, etc.

Lo único que tratamos de implementar en el grupo es una igualdad en las relaciones, y que haya un mínimo de relaciones materiales, porque nosotros deseamos elevar los valores integrales del grupo mismo.

Existen grupos abiertos y grupos cerrados. En los grupos cerrados, no es posible recibir nuevos integrantes, y obviamente, el grupo se opone cuando alguien se quiere retirar. Y hay grupos abiertos, donde se puede entrar y salir libremente.

¿Qué elementos existen en el programa de la Sabiduría de la Conexión? ¿Se trata de un grupo más cerrado, más abierto, o una combinación de ambos?

El grupo es algo fijo, pero cuando existe un paralelismo entre los grupos, entonces se pueden mezclar, y no se siente diferencia ninguna entre ellos. Los grupos están conectados entre sí a través de diversas actividades, hablan sobre los mismos temas, todos piensan sobre lo mismo, no hay ninguna diferencia entre ellos, todos se entienden mutuamente.

Cada grupo avanza de forma independiente y no se mezcla con los demás. Solo de vez en cuando, se unen en distintos eventos conjuntos, tales como congresos.

No se puede entrar en un grupo que ya está trabajando, porque cada nuevo integrante lo saca del equilibrio. El grupo debe avanzar por sí mismo. Todo en él debe guardar una armonía, debe desarrollarse armónicamente, y en caso de que haya nuevos integrantes, formamos con ellos un nuevo grupo.

Dijimos que para formar los grupos de la Sabiduría de la Conexión, deberán realizarse pruebas y charlas preliminares, para que haya una concordancia en las características, tales como edad, sexo. ¿Qué otras características deben considerarse durante la formación de los grupos?

No creo que la educación, la edad, la mentalidad o la formación académica tengan importancia para la repartición en grupos. En los grupos de la Sabiduría de la Conexión, todas estas diferencias se suprimen, y la característica común para todos es la resistencia, la incapacidad de elevarse por encima de nuestras cualidades y unirnos en una sola cualidad común que es la de otorgamiento, de amor, de responsabilidad mutua. Por lo tanto, no importa quién tiene más o menos formación, tampoco la mentalidad tiene importancia, porque esas son expresiones externas, de las cuales no nos ocupamos. Cuando todos los grupos de la Sabiduría de la

Conexión del mundo se conectan, se unen en el aprendizaje de un método común, durante muchos años, la conexión entre ellos es de tal calidad, que no existe para mí ninguna diferencia entre la gente con la que estudio físicamente en la misma clase o grupo, y con las que me reúno una vez al año.

Si observamos los grupos principales de la Sabiduría de la Conexión en todo el mundo, no encontraremos ninguna diferencia entre ellos, porque todos estudian de acuerdo al mismo método, y básicamente, todos los grupos se desarrollan paralelamente. Cuando se organizan congresos, y llegan a ellos miles de personas de todos los continentes, al reunirse en un sólo lugar, desaparece la sensación de diferencia entre ellos, aunque el tema idiomático separa todavía, porque este es un caso de la antigua Babilonia que aún no ha sido corregido pero próximamente se corregirá. No obstante, en estas reuniones se crea un estado de completa homogeneidad.

Una nueva profesión para la vida
Aparte de la Sabiduría de la Conexión, ¿podrán las personas aprender una nueva profesión, por ejemplo quienes hayan perdido sus trabajos?

En el curso de la Sabiduría de la Conexión, las personas reciben una formación profesional de educador, instructor, profesor. Existen varias posibilidades, de acuerdo a las habilidades del individuo.

Hay personas que trabajan afuera, en el grupo, dirigen debates, supervisan ejercicios de actuación, y están aquellas que enseñan diferentes profesiones. Todo esto se puede aprender, porque en la Sabiduría de la Conexión agregamos temas dentro de las áreas de la ciencia, tecnología, cultura, psicología, y rápidamente, la persona adquiere experiencia. En un año y medio o dos, se pueden capacitar profesores de primer grado. La formación de educadores exige menos tiempo, y la de instructores y demás, menos aún. Todo depende de la persona.

En la Sabiduría de la Conexión hay trabajo para personas totalmente diferentes, con diferentes habilidades. Por eso, antes que nada, nos preocupamos que los estudiantes sean capacitados como profesores, como educadores o como instructores de niños, de adultos, de hombres, de mujeres y de aquellos que hablan diferentes lenguas. Mientras tanto, los idiomas nos separan.

En la Sabiduría de la Conexión, existen diversas áreas de ocupación, pero las profesiones más solicitadas son las de educación y enseñanza. Si dentro de nuestro encuadre hubieran diez veces más personas de las que trabajan hoy día -que se ocuparan de la enseñanza y educación-, habría trabajo para todos. Algunas personas acuden a capacitarse estando desempleadas, y mientras tanto encuentran una nueva ocupación que les brinda una existencia básica, normal y cómoda. Esta ocupación, llena sus vidas de sentido. De esta forma, sanamos a la sociedad.

Refuerzo que inspira fuerza

¿Por qué es importante dar un certificado de excelencia en la integralidad, premios, etc.?

Tenemos que usar diferentes refuerzos, que no son materiales sino simbólicos, como certificados de excelencia, certificado de finalización, o todo lo que incentive al individuo para avanzar y lograr el objetivo, y a través de ellos, uno también marca las etapas que va pasando.

En todo este movimiento integral, es muy difícil definirse a sí mismo en relación a los demás, porque constantemente hay un trabajo interior de corrección personal, de integración dentro de ese cuerpo único, y es muy importante que la sociedad te apoye, te aprecie. En especial, si el apoyo viene de parte de tu pareja o de los niños, porque entonces, el individuo recibe muchísimas fuerzas por el hecho de que los miembros de su familia y sus parientes comienzan a respetarlo y apreciarlo.

¿Qué se entiende por refuerzos no materiales?

Refuerzo material es una recompensa económica. En nuestro ámbito no hay lugar para eso, sin embargo, es importante para nosotros dar un premio, una medalla. Por ejemplo, la persona que terminó exitosamente un curso, recibirá alguna calificación, certificado, un grado superior, etc.

En el ejército, por ejemplo, las personas se esfuerzan por unas marcas más o por un cordón en las hombreras. Aparte de las marcas o el cordón que se les otorga, no les da nada más. ¿Podemos acaso nosotros usar estos símbolos?

Sí, esto es muy importante, y puede ser cualquier signo de reconocimiento, lo fundamental es que tenga una meta. Y cuanto más se esfuerce el individuo en lograr el objetivo -aunque al principio este esfuerzo sea para conseguir el premio- cuando lo consiga, ya no le será importante, y lo que le importará, será el objetivo mismo. Como cuando reforzamos a un niño, lo que nos importa es que él logre la meta.

Capítulo 10
Del dominio egoísta a la entrega altruista

Principios del capítulo:
- ¿Quién debe guiar y dirigir la Sabiduría de la Conexión?
- ¿Cómo influir sobre una persona dominante para que se integre correctamente al grupo?
- ¿Cómo utilizar correctamente el método de filmación de video del grupo?
- ¿Cómo deben apoyarse mutuamente los miembros de una pareja en la Sabiduría de la Conexión?

El rol especial de las personas egoístas
Ya hemos mencionado que existen cierto tipo de personas que tienen el rol especial de transmitir el mensaje integral al mundo.

Efectivamente, estas personas tienen una sensibilidad especial y una afinidad con el método integral.

Existe otro tipo de personas, que son atraídas naturalmente a la actividad integral y están formadas por el 66% hasta el 100% de toda la población. Estas personas representan la mayoría en cada organización altruista, trabajan en favor de la libertad, del medio ambiente, etc. Entre otras cosas, hay entre ellos voluntarios que trabajan para la ayuda al prójimo, para los necesitados, para los hambrientos. Es más, estas personas son atraídas a estas relaciones e interacciones en forma natural, su comprensión sobre lo relacionado al sistema integral es pequeña y superficial, pero son así por naturaleza.

Pero hay personas que por naturaleza son egoístas característicos y no pertenecen a los altruistas por naturaleza, sino que son egoístas que llegan a la comprensión de la necesidad integral, a través de alguna investigación, o como resultado del deseo de comprender la naturaleza del mundo y su existencia, las leyes de la naturaleza, el concepto de la creación y el porqué nos conduce a la evolución, y por qué lo hace de forma tan rigurosa.

Se trata de personas que quieren entender con profundidad la esencia del proceso evolutivo, y son ellas las que componen el grupo principal que encaminará a la humanidad hacia el objetivo. No se trata de altruistas por naturaleza, sino de un tipo de investigadores científicos, que actúan dentro de su encuesta y desde la percepción de la rigurosidad del sistema. Lo que los une, independientemente de religiones, idioma, riqueza o estatus, es el deseo de comprender el objetivo del hombre, la dirección a la que se dirige la humanidad para evitar que avance por el camino del sufrimiento. Estas personas quieren llevar a la humanidad al progreso y la unidad a través de la conciencia, de la necesidad. Hablamos de, aproximadamente, dos millones de personas alrededor del mundo.

¿Pueden participar estas personas en la formación del método de la Sabiduría de la Conexión, y en caso afirmativo, de qué forma?

Por supuesto, ¿quién, si no ellas? Ellas especialmente pueden ser parte y deben pasar un aprendizaje de cómo trabajar con la gente. La capacitación se hará a través de juegos en grupo y su análisis, la mayoría de las actividades son para reunirse y organizar debates sobre situaciones que tratan sobre ellos mismos en la sociedad o cualquier otro problema que se presente entre ellos.

Dentro del grupo generamos posibles problemas. Luego, el grupo es dividido en subgrupos. Los miembros del grupo participan de debates en los que habrá abogados defensores, fiscales, jueces y jurados. Estos debates son muy serios, en ellos cada uno puede abrirse sin intervención de psicólogos, para que no influyan con su experiencia y con su conocimiento. Ya que cada psicólogo trabaja solamente en su especialidad, y aquí la finalidad es que los participantes vean a la situación desde el ángulo del fin integral.

El grupo - El amplificador definitivo

En el sistema de educación regular, en las escuelas y universidades, la persona tiene claro en qué invertir y que es a cuenta de otras cosas en su vida. En la infancia se sienta y hace las tareas del hogar, en lugar de pasear o jugar, y de adulto trabaja en lugar de disfrutar.

En estos casos, el motivo de la inversión es claro y se hace por propia voluntad. Pero cuando hablamos de inversión integral, por encima del ego, ¿cómo se manifiesta entonces la inversión? ¿Hay lugar para el esfuerzo por propia voluntad? Y si fuera así ¿en qué se invierte el esfuerzo?

En principio no hay lugar para esfuerzo voluntario, de hecho la persona dedica muy pocos esfuerzos para estimularse a sí misma y despertar la influencia social del grupo. Si una persona se forma de acuerdo al grupo, en relación a su entorno, de tal manera que este influya de forma positiva sobre uno, entonces la reciprocidad actúa de manera tal que el individuo cambia por voluntad, sin darse cuenta.

Una persona que invierte un pequeño esfuerzo en el grupo, y éste a su vez responde apropiadamente, particularmente cuando el grupo ya está integrado de alguna manera, entonces la unión correcta del grupo causa una fuerza que le otorga una respuesta a su pequeña demanda. Esta fuerza cambia a la persona en forma inmediata y adecuada.

Es decir, una persona que dedica un pequeño esfuerzo, y presenta una pequeña demanda por de cambio frente al grupo, recibe el deseo de cambio diez veces más grande de lo que el mismo otorgó. Y el deseo de cambio aumentado por el grupo, es lo que lo transforma. El grupo es como un amplificador inverso que actúa sobre la persona, y es la retroalimentación la que lo hace cambiar.

Cuando un grupo de personas egoístas se reúne, hay algunas que, de forma natural, toman el puesto de líderes. Comienzan a reestructurar al grupo y a decretar todo lo que se le ocurre. ¿Cómo trabajamos en una sociedad integral con el fenómeno del liderazgo?

Un grupo de éste tipo, no es un grupo. Hay unos cuantos requisitos para poder llamar "grupo" a un conjunto de personas.

Podría ser un grupo de diez personas o de un millón. Grupo es cuando, en principio, nadie se diferencia de los demás. Cada uno de los integrantes del grupo debiera entrar como parte integral del mismo. Y sólo de esta forma se sentirá completo. La reciprocidad entre ambos es que al entrar en el grupo asume el lugar que le parece el más necesario a favor de la armonía.

Para que las relaciones entre todos sean semejantes, cada uno busca lo mejor que puede aportar en beneficio de la armonía y de la homogeneidad del grupo. Si alguien advierte que hay desequilibrio en la cosas, entonces las analiza y las equilibra con ayuda de su actitud y aporte personal. En definitiva no hay alguien que sea mayor o menor que el otro en importancia, con esta nueva consolidación sentimos la creación de algo nuevo.

Esta unidad es algo nuevo que nace del individualismo, y tiene su propia existencia. Nosotros apoyamos este nuevo estado, lo nutrimos y cuidamos como a un hijo propio que criamos juntos. Y, de pronto, comienza a separarse y existe fuera de nosotros de forma independiente.

Esta es la razón por la que esta unión nos atrae tanto. Nos absorbe hacia su interior, y de esta forma, por un lado, cada uno pierde su individualidad egoísta, y por el otro, adquiere un individualismo integral. Quiere decir que sin mí no existe esta unión. Y mi participación es justamente lo que lo transforma en algo íntegro. Cada uno recibe y se ve influenciado por la masa general que lo apoya y lo compromete, como si todos estuviéramos juntos en un mismo barco, y el aporte de cada individuo mueve al colectivo a un gran resultado.

Aún existen personas que quieren dominar y no poseen las propiedades de liderazgo.

Ciertamente es una ambición de control y liderazgo, pero, ese anhelo es en realidad una aspiración de dominio propio.

Siendo así, ¿cómo es posible incentivar a la persona que anhela dominar a que haga lo opuesto?, ya que este tipo de personas luchan con todas sus fuerzas para ejercer su dominio.

Podemos llegar a hacer esto a través de charlas. Hay que filmar al grupo en video y posteriormente mostrar la película a los miembros del mismo, y pedir a los participantes que charlen entre ellos sobre la forma en que todos aportan. Es decir, a quién hay que promover, bajar, mover, acercar más, unir más para crear un mecanismo que sea totalmente integral, que se encajen entre sí como ruedas mecánicas y que ninguno gire de demás o de menos, sino que todos giren juntos.

Cada uno debe invertir su esfuerzo en pos de esta meta de la misma forma que se levanta, va al trabajo e invierte su esfuerzo para lograr algo. Sin embargo, nosotros tratamos de invertir el esfuerzo en la formación de un mecanismo integral, y desde su interior revelaremos nuestra naturaleza egoísta. De esta forma nadie puede argumentar que no es egoísta. Cada uno encuentra inmensas oposiciones egoístas en su interior, y tiene un gran trabajo para hacer consigo mismo. Está en nosotros ayudarnos mutuamente, encontrar la comprensión cuando alguien de pronto se opone, no entiende, cuando alguien está de mal humor, cuando está en un estado de ánimo diferente. Cada uno debe intentar armonizar la situación integrándose a los demás, sin despreciar ni desalentar a nadie. Solamente a sí mismo.

Nosotros no culpamos a ningún amigo por sus características sino que tratamos el caso, todos juntos, como una sola mente, y cada uno comenta en forma totalmente objetiva. Nadie se avergüenza de sus aspectos negativos, ni tampoco de sus cualidades positivas, ya que uno entiende que todo viene de la naturaleza. Lo que no viene de la naturaleza es la ayuda mutua, que nos llevará a un estado integral.

Re-educación de los líderes

Por lo general, los líderes tienen características muy típicas, son muy agresivos respecto a las demás personas, es decir que las lastiman en sus puntos más débiles. La respuesta que reciben como resultado de su comportamiento grosero les ofende, les disgusta y se van. Y así ocurre sucesivamente.

Si estas personas aún no escuchan y no comprenden la importancia de entrar en integridad con los demás, y continúan comportándose a su manera, hay que darles tiempo para que "maduren". Por lo general, durante muchos meses, escuchan, escriben, hacen gráficos, hacen tablas, todo en forma totalmente técnica. Ellos conocen muy bien todo el contenido, basados en sus averiguaciones, pero, aún no pueden interiorizarlo, o ponerlo en práctica.

Ellos tienen que pertenecer a un grupo que de forma práctica puede ya comenzar a implementar el método integral, pero aun deben actuar de un costado. En todo grupo hay personas así, que fueron creados precisamente así por la naturaleza, y hay que aceptarlo.

Es por esta razón que durante unos meses hay que asignarles trabajos con materiales de estudio, y durante ese tiempo ellos hurgan en el material, lo resumen, lo organizan, y extraen ejemplos interesantes del mismo, etc. Además ellos se ocuparán de cuestiones de organización, en la elaboración de informes y presentaciones, necesarias para las distintas actividades frente a medios externos como empresas, organizaciones y movimientos sociales.

Este tipo de trabajo los expone a distintas actividades que hay dentro del grupo y fuera de él, y ellos mismos las analizan y escriben sobre eso. Por ejemplo, cuando ellos miran la película de video que fue filmada en el grupo, y en la que debatieron las relaciones integrales que aún no fueron ejecutadas, ellos ven todas las interferencias, divergencias, distorsiones y las diferencias que hay entre persona y persona. Y nosotros les permitimos que procesen todo esto, lo reflexionen, y saquen conclusiones. Éste trabajo lentamente los va cambiando.

Estas personas tienen un ego muy grande, y en general tienen un elevado sentido de vergüenza. Entendemos que el ego y la vergüenza son lo mismo. Estas personas exigen demasiado de los demás, y no son capaces de mirarse a sí mismos ni juzgarse desde afuera. Quiere decir que son personas muy fuertes, pero con la total falta de autocrítica, y una objetividad casi nula. Les falta la parte de autocrítica por naturaleza, pero lentamente esta parte se va formando en ellos bajo la influencia del material teórico de estudios. Ellos lo estudian, lo organizan de una forma sistemática y entregan los resultados a sus maestros o educadores.

Por lo general organizamos un grupo separado con estas personas y comenzamos a trabajar. Al principio elegimos temas muy especiales y se los damos para que los procesen, luego comenzamos a organizar charlas.

Durante la charla ya comienzan a surgir diversos discernimientos, y es donde ellos mismos empiezan a entender qué necesitan para estar dentro del grupo, cómo acercarse más, cómo no ser jueces y magistrados que se sienten superiores a los demás, que se colocan en el lugar de los instructores.

Poco a poco llegan a la comprensión, al reconocimiento que son más terribles, inferiores e indecentes, que los demás participantes del grupo ya han comenzado a comprender la necesidad de la integridad, advierten la diferencia existente entre ambos, y ellos mismos no lo sienten. Son capaces únicamente de juzgar a los demás, pero no a ellos mismos, y éste es el lugar de trabajo.

Si hay personas como estas en el grupo, que por lo general no son muchas, justamente ellos podrían ser los futuros líderes. Ya que con la gran base egoísta que tienen ellos pueden llegar muy lejos. Pero su camino es muy largo, a veces pasan muchos años hasta que comienzan a sentirse a sí mismos, entonces se sienten necesitados de un grupo y entienden que deben bajar la cabeza bajo la influencia del grupo, ya que de otra manera no obtendrán su nueva vida integral en el siguiente escalón que es "humano", sino que se mantendrán como personas que actúan de forma mecánica, sin interiorizar en ellos mismos y transformarse.

El método en general trata sobre el cambio en el hombre, y éste surge en ellos paulatinamente. También respecto a ellos está prohibida toda clase de imposición. El proceso de reconocimiento de la persona de su propia naturaleza tiene que penetrarlos y ocurrir de forma personal, particular. No por la fuerza, sino bajo una delicada influencia, no intencionada, con material de estudio de la Sabiduría de la Conexión.

Nosotros les damos refuerzos positivos, como: "eres muy especial" y ellos realmente lo son. Debemos ponerlos en un sistema separado con el fin de no molestar a los demás. Es decir formar el grupo en forma homogénea, y a ellos separarlos del grupo, y mientras tanto darles el papel de ayudantes. Pero hay que prestar atención que el orgullo que inmediatamente se empieza a despertar en ellos, no les impida el avance y crecimiento. Por eso, en muchos casos hay que esperar con tranquilidad hasta que ese cambio ocurra.

Entrenamiento por video

Cuando filmamos al grupo y luego éste mira la filmación, esto se llama: "entrenamiento por video". Hoy en día es un método muy útil. ¿Qué es más correcto, que después de ver el video durante la charla nos autocritiquemos, o que otro me critique?

Lo mejor sería mostrarle al grupo la filmación de otro grupo. Puesto que las personas del grupo no están aún preparadas para mirarse en forma objetiva y reconocer que todos somos como "pequeños animalitos", entonces hay que mostrarles un grupo donde no conocen a los integrantes y permitirles practicar con eso. Y así poder desarrollar en ellos la habilidad de observación objetiva del grupo. Se le puede adherir un número a cada participante de la filmación, y los integrantes del grupo debatirían sobre los números y no sobre las personas. El tema del debate sería: cómo podemos acercarlos hacia la unión, hacia la responsabilidad mutua.

El individuo como factor unificador

En la psicología, yo no adivino qué es lo que le ocurre a la persona, sino que le pregunto "¿cómo te sientes, qué te gusta?", y recibo respuestas inmediatas. Quiere decir que conozco a la persona a través de un diálogo y de la comunicación con ella. ¿Podría ser que en el método de la Sabiduría de la Conexión la persona se va desarrollando como resultado de conversaciones que llevan con ella? O, ¿podría ser que la integración es la que actúa sobre el desarrollo del hombre?

En el método de la Sabiduría de la Conexión, el progreso individual está relacionado con el progreso integral, no hay un desarrollo particular. Mi desarrollo personal depende de mí integración con los demás, es decir en qué forma los integro. En este complemento debo saber y sentir, cómo complementar a cada uno de ellos.

Constantemente siento a los integrantes y a la sociedad, y evalúo donde puedo aportar más para la integridad del conjunto. Procuro aportar al conjunto con mi participación, mis deseos, mis pensamientos y mis actuaciones. Y en relación a mí comienza a revelarse la esencia de cada participante, la fuerza general de los deseos, sus sentimientos, sus pensamientos, y yo, de esta forma paso a ser un factor de equilibrio dentro del grupo.

Durante los ejercicios en conjunto cada uno siente lo que ocurre a través de uno y no tiene importancia en qué estado está el grupo, sino como esa persona se siente con respecto al grupo. El grupo puede estar en distintas situaciones totalmente y la persona lo comprenderá de una manera u otra. Continuamente cambiará en su adaptación, quiere decir que la persona se encontrará constantemente en un movimiento interno.

De esta forma la persona pasa por muchos cambios, tanto es así que ella misma pasa a ser un elemento integral general de todo el grupo, sintiendo todas las sutilidades y cambios del grupo, y entonces ella misma debe cambiar de acuerdo a eso. Quiere decir que pasa a ser un factor de unión, organizador, único con respecto a cada uno de ellos.

Desde el punto de vista objetivo, no tiene importancia alguna en qué estado se encuentra el grupo, no se puede hablar de objetividad, ya que cada uno mira únicamente desde su punto de vista, durante este proceso cada uno se convierte en igual a la imagen pequeña de la sociedad. El individuo y todo el grupo llegan a la unión, y cada uno se equipara a los demás. El individuo va acumulando en su interior volumen cantidades de cambios, de sentimientos y pensamientos que existen en todos.

De esta manera, nosotros conseguimos la etapa en la que lo general y lo personal son semejantes y a través de esto el grupo consigue la unión total. Cuando cada uno comienza a ser igual a los demás, entonces todos los individuales se unen y se convierten en un integral, y éste integral comienza a existir, de alguna forma, fuera de ellos. Este es el punto final de todos los cambios que pasan entre ellos y dentro de cada uno.

El largo camino del desarrollo consciente
Al observar a los que tienen roles especiales, cuando se encuentran juntos, podemos apreciar la existencia de una sensibilidad entre ellos. Y a pesar de que su relación es muy abierta, aun se conserva en ellos un tipo de respeto. ¿Les espera una larga travesía a las nuevas personas que van llegando al grupo, hasta alcanzar a sentir esa sensibilidad?

El grupo esta compuesto de personas que llegaron de forma

voluntaria, motivados por un anhelo, a diferencia de las grandes masas de la humanidad a las que queremos unir a la actividad de la Sabiduría de la Conexión. En esas grandes masas humanas habrá personas que no llegaron por su propio deseo, por consciencia propia, por un anhelo profundo, sino por circunstancias sociales y personales. Por lo tanto existirán allí alteraciones y discordancias, ascensos y descensos. La primera etapa de su desarrollo, es decir la preparación para el aprendizaje, el estudio mismo, el proceso de comprensión psicológico interno de cada uno, va durará mucho tiempo.

Cuando hay alguna actividad física de conexión como por ejemplo, bailes en ronda, donde se colocan las manos en el hombro de los demás, ocurre que se siente alguna sensación desagradable o molestia física. ¿Podemos en ese caso llamarle la atención al compañero y decirle que me produce molestia, o debería sufrir en silencio y trabajar con esa molestia?

Debo comprender que la persona que está a mi lado se expresa de esa forma. Por consiguiente yo debo elevarme por encima de mis sentimientos para que mi actitud positiva por esa persona sea más fuerte que mi propia molestia.

Todo es cuestión de sentimientos. Si la molestia fuera causada por alguien querido por mí, o por alguien que me está lastimando mientras trata de salvar su vida, no sentiría molestia o dolor alguno, lo recibiría naturalmente, como necesario, y esta comprensión apacigua mi propio dolor.

Debemos llegar a esta comprensión. Y hasta entonces, durante las actividades en conjunto, podemos compartir nuestros sentimientos con la persona que nos causo molestia, pero, como resultado de un proceso de desarrollo, en el que todos llegan a aceptar las distintas relaciones.

Brindar placer uno al otro

Hay un estudio psicológico muy interesante. Los participantes de la investigación son parejas, hombre y mujer. El objetivo de la investigación es transmitir a través del tacto, el máximo de sensaciones positivas uno al otro. Por ejemplo, un suave toque en la mano de la pareja.

Se les dará tres tipos de opciones a los participantes. La primera-tratar de tocar a su pareja para producirle placer. La segunda- tratar de tocarse sin ninguna intención. La tercera- tocar para recibir el máximo placer personal.

El resultado fue que la persona recibe el máximo placer cuando es ella la que lo brinda. Y la sensación más desagradable es cuando tratan de complacerlo. ¿Qué significa este fenómeno? ¿Está relacionado con la integridad, el ego, el "yo" que siente?

Al hablar de integridad, no tiene ninguna importancia quién está sentado frente a mí, si es hombre o mujer, niño o niña, joven o viejo, o incluso un animal. Está en mí poner todas nuestras diferencias de costado y ver frente a mí un objetivo con el que debo relacionarme, y la conexión debe ser por encima de toda diferencia física, no importándome en absoluto quién o qué es su factor fisiológico. Lo único que me interesa es cómo se manifiesta ante mí, qué es lo que crea, en oposición a su naturaleza. Es decir, nosotros no somos dos elementos fisiológicos, sino únicamente dos deseos que quieren llegar a la integración entre ambas, que desean dar y llenarse de placer y satisfacción uno al otro, limpios y abstractos. Y solamente de este sentimiento, sin importarme quién está frente a mí, yo le deseo el bien.

Si nos elevamos por sobre nuestras posiciones y tentaciones, por sobre las características y condiciones que hemos recibido por naturaleza, comenzamos a entrar en la reciprocidad. Aquí comienza la comprobación; o que yo deseo recibir el placer de esta persona siendo ésta un objeto frente a mí, o que yo deseo transmitirle mi actitud positiva y satisfacerla, y quiero que ella lo sienta así. En toda forma de contacto entre nosotros, desconectándome totalmente de mí mismo, queriendo anular y neutralizar nuestros sentimientos, elevarnos por encima de ellos, es decir, estar limpios de toda relación egoísta.

De aquí, entonces, comienza nuestra búsqueda, en la que el principal objetivo es elevarse por sobre toda diferencia de género, raza, nacionalidad, edad o cualquier otro tipo de desigualdad. Y comenzamos a comunicarnos con la esencia misma. Tú y yo demostramos un gesto de buena voluntad, intención o intelecto. En éste método nuestro deseo e intelecto entran en una interacción sin ningún recubrimiento externo, es esto lo que estamos tratando de hacer.

Esta es la primera orientación en el trabajo de grupo, en especial cuando el grupo está compuesto de mujeres y hombres. Esto no se logra de inmediato. Al principio tratamos de trabajar en esto con todo el grupo, mixto, y luego cuando comenzamos a entender que distintos géneros pueden causar dificultad uno al otro, dividimos el grupo. Pero únicamente después de comprender que podemos elevarnos por encima de las condiciones naturales y trabajar en forma integral, podremos unir al grupo. No es fácil, y requiere varios meses de serio esfuerzo.

Apoyo mutuo en la pareja
¿De qué modo deben apoyarse mutuamente los integrantes de una pareja que participan en el proceso de la Sabiduría de la Conexión?

La mujer debe mostrar al hombre que ella necesita de la parte masculina que hay en él, el instinto masculino en él y eso es suficiente. Es decir que el hombre, entonces, debe sentir la presión que la mujer ejerce sobre él por detrás. El hombre tiene que sentir en su nuca la mirada de la parte femenina sobre él, que lo estimula a obrar en dirección a la integralidad. El apoyo de la mujer no viene para estimular el orgullo masculino, ni el despertar egoísta, sino que actúa como un tipo de responsabilidad y expectativa de pasar al siguiente nivel de integración. Los sentimientos y expectativas de la mujer son primordiales para el progreso del hombre.

La mujer no empuja al hombre a actividades individualistas heroicas, sino a la unión, precisamente. En el estado de unión cada uno se pierde a sí mismo. Y juntos llegan a conseguir la forma de "humano".

Está claro cuál es el lugar del apoyo positivo, de éste amor, pero, ¿cuál es el lugar de la "vara", es decir la segunda línea, la que critica, que también debe existir?

Entre el hombre y la mujer no debe existir una línea crítica. Nosotros debemos actuar e influenciar con el objetivo de despertar sentimientos positivos en el otro. Se puede demostrar una simple decepción, pero en muy mínima medida. Solamente en la medida que la persona está capacitada a pasar cambios de forma continua.

Si el hombre ve algo que a su modo de ver es correcto, y la mujer opina que es absolutamente incierto, ella se lo manifiesta al hombre y se comporta de acuerdo a esto, aunque no en forma directa, cortante o en forma de ofensa, ya que ese comportamiento no le permitiría al hombre corregirse. Por lo tanto hay que actuar con prudencia.

Nosotros vemos que en nuestro mundo, no educamos a las personas. La persona que termina la escuela, sabe un poco de física, matemáticas, y ya. Sale a la vida sin saber nada, ni de acciones mutuas, ni sobre educación de los niños y demás. La única enseñanza que le dieron en el sistema educativo es sobre educación sexual, que ciertamente es necesario, pero como un suplemento correcto a todo lo demás. Nuestra educación está completamente distorsionada y no se la puede llamar "educación".

La Sabiduría de la Conexión está basada en el otorgamiento dentro de la familia, ya que la familia está formada por otorgamientos mutuos. Mi maestro dijo que el amor acrecienta con el otorgamiento mutuo. Cuando te "corres" a un costado y permites al otro entrar en ti, y luego el otro hace lo mismo para que tú puedas entrar en él, ocurre entonces que cada uno entra en el otro y el lugar que se forma en conjunto es llamado familia. El sentimiento interno hacia ese lugar es llamado "amor".

Capítulo 11
Lo principal es la salud

Principios del capítulo:
- ¿Cuál debe ser la actitud hacia una persona que no se adecúa por su necesidad de sobresalir?
- ¿Cuál debe ser la actitud hacia una persona depresiva?
- ¿Cuál debe ser la actitud hacia una persona con trastornos psiquiátricos o que toma medicamentos antidepresivos?
- ¿Cuál es la norma para una pareja en la que uno de los integrantes entra un mal estado?
- El guía del grupo integral es un tipo de actor que tiene que conquistar a su público.
- La forma de cómo combinar artistas en la Sabiduría de la Conexión.
- Sobre la posibilidad de crear una serie televisiva relacionada con la Sabiduría de la Conexión.
- Comenzar a formar un nuevo lenguaje y cultura compartidos e uniformes para todos.
- Sobre la actitud del maestro respecto a las preguntas y respuestas durante la lección.

Bajo la influencia del ego

Cuando en una sociedad las personas se unen en una causa común, y alguien se niega a jugar según las reglas de juego del mismo grupo, hay necesidad de alejar a esa persona del grupo.

¿Es esta la forma en la que actuamos en un grupo de estudio integral? Puesto que podría ser que participen personas que no jueguen según las reglas del grupo integral, y que por distintos motivos molesten y traten de arruinar el proceso.

Al principio hay que dividir a las personas en grupos según características. Hay personas a las que les resulta difícil adaptarse al sistema integral. Es decir que tienen dificultad en crear unión. Ellas no comprenden que la colaboración es el dominio del futuro, en el que se presenta un nuevo nivel de existencia por sobre el cuerpo material. Y en este nivel aparecen sentimientos, pensamientos y deseos comunes.

Es por esto que hay que formar con estas personas grupos separados. A estos grupos los enriquecemos con conocimientos de distintos tipos durante largos meses o años. Nos ayudamos con juegos y talleres, dándoles ejemplos de la integridad en distintos estados, entre los animales, entre las personas, en estructuras sociales, hasta que ellos comienzan a comprender que el tema integral les incumbe también a ellos.

Como regla, se debe dar tiempo a estas personas. No las presionamos ni las sacamos del juego, ya que toda la humanidad debe desarrollarse en ese sentido. Y si tienen algún deseo, ya que por lo general son personas que tienen interés por la organización de la información, entonces hay que darles su tiempo para "madurar", hasta que lentamente el entorno, el material de estudios, y también el tiempo, influyen en ellos. Sabemos que a veces pasan años hasta que se nota un cambio.

Este tipo de personas, estudian, escriben, y charla el tema de la integridad, actúan frente al público, organizan grupos, su naturaleza está influenciada fuertemente por el ego. Así que ni ellos mismos comprenden que no están integrados.

¿De qué forma se le dice a alguien que no se presta para un grupo específico y que debe pasar a otro grupo, quién se lo dice?

Nosotros, desde un principio, organizamos a las personas según un índice concreto. Estoy seguro que ustedes también lo hacen, los psicólogos, forman los grupos según categorías específicas. Es imposible hacerlo de otro modo ya que se molestarían unos a otros. Nuestro deseo es que todos tengan éxito. Por eso, formamos los grupos según el grado de correspondencia entre los miembros del mismo, y el criterio es la compatibilidad de la personalidad.

En la dinámica del grupo me encuentro con gente extraordinaria, por lo general son muy activos y tratan de destacarse.

Hay personas a las que les gusta aparecer en público, ellas pueden saltar repentinamente de sus lugares y hablar durante media hora sin ser muy claros. Están seguras que su discurso está lleno de brillantes ideas. El resto de las personas se ven obligadas a estar en silencio y se esfuerzan para prestar atención. No les es suficiente una o dos veces, y sienten que en cada lección deben dejar su huella, puesto que de lo contrario no sienten que tomaron parte de la misma junto con los demás.

El grupo no tiene por qué sufrir por una persona, sino que debemos crear un grupo lo más homogéneo posible. Es por eso que debemos localizar a las personas problemáticas, sacarlas del grupo en el que sobresalen de forma anormal, y formar con ellos un grupo separado. En su nuevo grupo estas personas podrán actuar en público, podrán realizar debates, y hacer todo sin ningún límite, pero de acuerdo a un tema determinado. Y justamente a través de los debates entre ellos, a su estilo, que uno habla y el otro lo interrumpe, ellos pueden adelantar de la misma forma que el resto de los grupos, cada persona con su estilo.

Sensores de conexión

La psicología del comportamiento analiza en la persona los distintos mecanismos de regulación de conducta, como vergüenza, culpa, miedo etc. Estos no actúan por sí solos, sino que existen en todas las personas y están relacionados con sus normas. La pregunta es, ¿cómo utilizar correctamente los sentimientos de culpa o miedo?

En principio debemos llegar a una relación objetiva con respecto a estas características, ya que nos fueron dadas por la naturaleza, y el método de la Sabiduría de la Conexión nos enseña a utilizarlas correctamente. Debemos elevarnos por sobre estas características. Como individuo, todos estos rasgos están dentro de mí, y todo lo que sea humano no me es extraño. Entiendo o trato de entender todos mis aspectos negativos y positivos, que en realidad no son míos, ya que fueros implantados en mí y en todos por la naturaleza.

Tenemos que alcanzar y lograr la armonía completa entre nosotros, y que todas nuestras características, sin excepción, participen de este proceso. Lentamente "sacaremos" de nuestro interior más y más particularidades nuevas, miedos, ansiedades, sentimientos de culpa, que adaptaremos cómodamente a nuestra socialización general, de forma tal que esos sentimientos no queden en nuestro interior, y salen progresivamente, así como un bebé de un mes que está desnudo en las manos de su madre, ¿acaso él se avergüenza de algo? En él no existe el concepto de vergüenza, y por lo tanto no se avergüenza de nada.

Cuando existen comprensión, amor, reciprocidad, necesidad mutua, entonces no hay ningún tabú. Por el contrario, cuanto más descubrimos esas características, encontramos más posibilidades de aferrarnos y unirnos unos a otros, a través de "sensores".

Todas nuestras características egoístas negativas nos ayudan a aferrarnos al otro en beneficio nuestro, todas ellas se convierten en un medio que nos conecta apropiadamente. Y por tal motivo no vemos nada malo creado por la naturaleza. Sin estos aspectos negativos, no podríamos conectarnos mutuamente, y precisamente al invertir el uso de estas cualidades de negativo a positivo nos da la oportunidad de conectarnos y permanecer conectados, así como los engranajes. Si las ruedas fueran redondas, lisas, sin dientes, estas resbalarían una sobre otra, entonces estas "ruedas dentadas" o "sensores" son los que nos ayudan a conectarnos, es una "ayuda opuesta". Justamente esta ayuda opuesta es la que nos favorece. Es decir que los dientes son nuestras características egoístas.

¿Qué es una enfermedad?

Si a principios del siglo veinte los trastornos neuróticos se presentaban como trastornos sexuales, en nuestros días se manifiestan con la hipocondría- miedo a las enfermedades. ¿Cómo pasar correctamente el miedo a las enfermedades? ¿Cómo trabajar con el miedo de enfermarse de forma correcta?

Hay que entender qué es una enfermedad. Una enfermedad es un daño en el equilibrio del cuerpo. Cuando los sistemas del cuerpo trabajan en forma desequilibrada, comienzan a aparecer distintos problemas que se presentan como enfermedad. Si nosotros llegamos a la armonía, entonces ella existe y controla todos los niveles, entre otras cosas también en el nivel fisiológico. Es por eso que nos podemos curar a nosotros mismos de problemas crónicos serios e incluso de enfermedades terminales.

Ascensos y descensos

Hablamos de la importancia de que el hombre se encuentre en armonía con el ritmo respiratorio de la naturaleza- inhalación/exhalación. El proceso de respiración psicológica llamado rompimiento, es cuando el "yo" se rompió en partes, un estado que, eventualmente, ayuda al individuo a formar nuevamente su propio "yo". El individuo hace esto continuamente, pero con el tiempo la ejecución de esta función se le dificulta más, lo que lo lleva a la depresión.

La persona cae en la depresión puesto que se ve constantemente obligada a superar los malos sentimientos, las ansiedades, el vacío, y no tiene en claro por qué lo hace. En cambio, cuando entra en la Sabiduría de la Conexión, tiene enfrente un objetivo claro, y en relación a esa meta acontece la respiración progresiva.

La persona que se acerca a la meta, significa que toma respiración, o sea, siente la grandeza de la sociedad y la fuerza que le da. Es por eso que siente admiración, adoración.

En el siguiente paso, la persona, supuestamente, debe sacar aire, puesto que sin eso no puede avanzar. Ella debe hallar un nuevo vacío, un nuevo espacio, nuevos sentimientos negativos en su interior, para que con estas nuevas revelaciones de sentimientos negativos pueda entrar nuevamente a la sociedad, y conseguir unión con todos, es decir, avanzar a la siguiente etapa de la respiración.

Estas inhalaciones y exhalaciones les ocurren a todos los miembros del grupo, y por lo general hay una relación muy especial entre los mismos. Hay épocas en las que cada miembro está en su propio movimiento, con su frecuencia personal de ascensos y descensos, y hay otras épocas, en especial después de eventos especiales como picnic, reuniones o congresos, en las que las preparaciones y la participación de todos, hacen que los ascensos y descensos sean también colectivos.

Existen distintos tipos de caídas, podemos caer dentro de situaciones desagradables o dentro de la apatía. Las situaciones desagradables son preferentes, ya que ocurren de manera más aguda y más rápida. En cambio, los estados de apatía pueden llevar más tiempo, y se necesita asistencia externa para estimular al individuo hacia una dirección o la otra. Por lo general se lo estimula hacia un buen curso, puesto que de otra manera caería en estados lamentables. De todas maneras, lo principal es sacar al individuo de su estado muerto.

Cuando habla de una situación óptima, ¿a qué se refiere?

Una buena situación es una situación de unión, hay períodos en los que el grupo pasa conjuntamente por inestabilidades. Y hay otras en las que cada individuo pasa por las inestabilidades en forma individual con su frecuencia personal. Únicamente con la ayuda de todo el grupo se puede ayudar a la persona. El rol del grupo es estimular, apoyar e incluso, a veces, obligar. Hay situaciones en las que el grupo puede sacar a la persona de la depresión en la que cayó.

Si se trata de un grupo real, este tiene la capacidad de despertar al individuo, pero sin presión. Si el individuo pide que lo dejen tranquilo, hay que respetar su voluntad y dejarlo en paz, dejarlo pasar esos estados por sí mismo. Eventualmente, éste volverá, porque las personas que abandonan, generalmente regresan al grupo. Y si no vuelve, conviene mantener el contacto con él, y en la primera oportunidad invitarlo a regresar al grupo. No hay otro camino, porque si el gran orgullo que se despertó en él le impide dar ese paso, hay que demostrarle que es bienvenido, que se le necesita en el grupo y de esta forma ayudarlo a regresar.

Apoyo mutuo entre los miembros de la pareja

Cuando un hombre pasa por situaciones desagradables, nosotros le aconsejamos que se conecte con el grupo, y resuelva sus problemas a través de la unión integral. ¿Qué se le puede aconsejar a una mujer que está pasando por situaciones desagradables?

Hombres que sirven de instructores en los grupos de mujeres, deben prestar atención a las situaciones desagradables que pasan las mujeres y deben ayudarlas. En ellos esta apoyarlas, explicarles, y conversar en forma privada. En realidad, casos en que la mujer se encuentra en una situación difícil, es un fenómeno bastante raro, ya que ella se sobrepone sola a estas situaciones, no como el hombre que le cuesta mucho más sobreponerse a estos estados solo.

Cuando hablamos de miembros de una pareja que estudian en grupos separados, se puede consultar con la pareja. Cuando ellos participan de actividades en conjunto, el esposo puede influir sobre la esposa, o viceversa, apoyar al esposo si está cayendo y se siente debilitado en su adelanto integral.

En la familia es posible que los miembros de la pareja se apoyen mutuamente. Se puede hablar con el hombre para que apoye a su mujer, pero sin que ella sepa que él actúa bajo el consejo de los instructores.

Está claro que la pareja resuelve sus problemas por sus propios medios. Nosotros debemos darle al cónyuge la sensación de la importancia de continuar en el adelanto integral, mostrarle delicadamente que de esta forma es más valorado por los demás. Pero, cada caso es específico.

Depresión

Hay casos de depresión profunda que necesitan de medicamentos para salir se la depresión. En estos casos, ¿debemos referir a la persona al médico, o es que se puede resolver el problema a través de la Sabiduría de la Conexión?

Yo pienso que en un caso así se necesita cambiar de ambiente. Cuando es un caso clínico, es necesario cambiar su entorno. Tomamos a la persona, la llevamos junto con el grupo a la playa o a la orilla de un río, al aire libre, a la naturaleza, y allí cerca de la naturaleza, comenzamos a enseñarle en forma muy seria la Sabiduría de la Conexión, junto con mucha actividad física.

Lenguaje directo en vez de lenguaje metafórico

En la psicología moderna existen varios lenguajes. Está la conversación directa, y la llamada "metáfora psicoterapéutica", donde básicamente hay un cuento que fue escrito para alguien en especial y en el que la persona se sobrepone a su problema gracias a que el cuento logró penetrar a su conciencia ¿Existen distintos lenguajes también en la Sabiduría de la Conexión?

Contrario a la psicología, en la Sabiduría de la Conexión no hay divisiones de este tipo. Tenemos muchos artículos sobre la Sabiduría de la Conexión, el camino hacia la integración, la unidad, sobre cómo salir del "yo" al "nosotros", y de "nosotros" al "uno" donde incluso el "nosotros" desaparece y en su lugar aparece la unidad, una unión simple. Existen muchos ejemplos y aspectos en esta materia.

Puesto a que nuestro trabajo es variado, y lo hacemos en una sociedad que se encuentra continuamente en cambios, y en circunstancias cambiantes, debemos ser muy flexibles y utilizar constantemente diversos materiales. El individuo puede pasar por innumerables situaciones en una lección o en un debate grupal. Estas situaciones no concordarán con ningún esquema definido o estructurado con las reglas de comportamiento del grupo. Yo veo esto en las lecciones que doy sobre el tema de la Sabiduría de la Conexión. Las charlas con los alumnos pueden comprender material de distintos aspectos y niveles.

La psicología, que progresó mucho, puede ayudarnos a adelantar, y yo tengo esperanzas que lleguen psicólogos que puedan desprenderse de sus viejas estructuras y puedan conectarse a estructuras integrales. Espero que puedan ocuparse de formar esquemas sistemáticos, y de participar en la preparación de materiales prácticos en la Sabiduría de la Conexión. Y de esta forma el sistema integral se convertirá en un método estructurado.

Uno de los lenguajes de la psicología moderna es el uso del las bromas y del humor. Debemos utilizar el humor donde sea posible, pero en la medida en que pueda contribuir a relajar el ambiente, a conectarse. El objetivo, en realidad, es la conexión, y es por esto que utilizamos todo lo que nos pueda ayudar a conseguirlo.

El humor es un buen método ya que tranquiliza, libera inhibiciones, permite al individuo salir de sí mismo y avanzar al próximo nivel. El humor abre una amplia gama de opciones de conexión, opciones de pensamientos. Es como si fuera un medio para adelantar al próximo escalón.

Puesto a que la expresión del humor es general, cada persona puede encontrar en él el próximo escalón de desarrollo, por lo tanto es un método muy respetable en el método integral.

El instructor como actor

¿Deberá el instructor del curso de la Sabiduría de la Conexión presentarse como un científico, o debe ser individual con cada uno?

El instructor debe ser un tipo de actor que durante una misma actuación se viste de distintos personajes. Presenta datos de la ciencia, del arte, y de la música al mismo tiempo, y junto con esto cuenta chistes, o emociona hasta llegar a las lágrimas. Esta vivencia compartida con todos debe durar durante todas las horas de comunicación entre ellos.

De éste modo nos "cocinamos" juntos dentro de las sensaciones, pensamientos, y sentimientos comunes de todos, con nuestros ascensos y descensos, y obtenemos una mezcla consistente formada por cada uno de nosotros, y así lo vivimos. Todo se vuelve claro para todos. Cada uno siente que se funde con los demás cuando los pensamientos y sentimientos son comunes.

En las escuelas modernas y en las universidades se suele hablar de forma bastante seca. Se acostumbra a hablar en un estilo, y no hay excepciones.

Yo también utilizo esto, cuando quiero transmitir el material como una materia seca, como el tema de la física del nuevo mundo, de la nueva sociedad, y no como material educativo experimental. Entonces presento los datos para que la atención se centre en la evolución, en el desarrollo gradual de los acontecimientos en la historia. Utilizo todos los datos científicos que tengo disponibles. Solamente de esta manera los estudiantes podrán respetar los hechos que les presento, y confiar en ellos. En este caso actúo como un científico, como una imagen autoritaria. Pero cuando me refiero a una cuestión emocional, estoy actuando como un psicólogo. Así que estamos constantemente intercambiando puestos.

Por lo general, el maestro en la escuela hace preguntas y los estudiantes responden. Usted en su enfoque es muy diferente. Prácticamente no hace preguntas sino que prefiere que le pregunten ¿Por qué?

De hecho, mi deseo, mi anhelo es que mis explicaciones despierten en el estudiante una sensación de vacío, de espacios libres, de preguntas, de deseo de saber, conocer. Una explicación correcta no obstruye a la persona y no lo colma, sino que esta debe abrir un poco el tema, y entonces de repente se pregunte "¿por qué es así?", "¿tal vez no sea así, quizás es de otra forma?"

En mis explicaciones incluyo de antemano el potencial de preguntas, incluyo la posibilidad de preguntar, la falta de comprensión en cuanto a las explicaciones. Deseo que en mis explicaciones descubran huecos, vacíos, puesto que estos ayudarán a entender la explicación, a comprenderla mejor y atraerla hacia su interior. Esto es muy importante, a mi modo de ver.

Si yo explico, y todos entienden de tal forma que no haya preguntas, yo siento como que no expliqué nada, y esto me hace sentir mal. Yo sé que el material será absorbido cuando los estudiantes hacen preguntas.

La pregunta cuestionada no siempre es realmente una pregunta.

Más de una vez las personas hacen preguntas, pero no saben cómo expresarse. En este caso el maestro debe ayudar al alumno, debe sentirlo. Pero lo importante es que cuando se transmite información durante 15-20 minutos, y luego durante el doble de tiempo continúan las preguntas, eso quiere decir que la lección ha sido bien absorbida.

Tú "tiras" una carnada a los alumnos y ellos la "tragan" y se aferran a ella y a través de ella deben acercarse a ti, y aferrarse a la información que les fue dada. La explicación es que tú tienes algo que ellos no tienen.

La calidad de la entrega está en que les transmites información y como respuesta, ellos comienzan a hacer todas las preguntas posibles sobre el tema que escucharon. En ese ínterin, ellos solamente escuchan, pueden comenzar a experimentar el tema, a absorberlo y contenerlo en su totalidad.

Es por esto que trato de dar respuestas donde entre otras cosas ya toco otro tema, o saco otra capa y entonces el alumno reflexiona repentinamente. Yo lo hago a propósito y esto lo conduce luego a preguntar. Yo pretendo que todo el material que pase desde el principio de la lección se cargue de preguntas en todas las direcciones y entonces se mantendrá en ellos.

Con mis respuestas les permito, en realidad, cuestionar una nueva pregunta. Quiere decir que la respuesta ya tiene la próxima pregunta oculta. Y una pregunta correcta ya contiene media respuesta.

No hay lugar para la agresión

A veces la gente expresa agresión inconsciente, en una conversación. ¿Es necesario hacerle entender que se comporta agresivamente sin darse cuenta? o, ¿conviene utilizar esta situación como material de aclaración con un enfoque integral?

Yo pienso que desde las primeras etapas del método integral, distintos comportamientos comenzarán a acomodarse en el grupo. Y, si existieran personas que no responden al acercamiento con el sistema y no escuchan, hay que integrarlos en un grupo diferente.

Pero, en principio, la agresión en general se extingue rápidamente. Cuando las personas se enfrentan a una gran meta, que se les ofrece y se les explica la estructura del mundo y la percepción de la realidad, no queda lugar para la agresión. Ellas están ocupadas en la comunicación y el diálogo entre sí, en su incorporación dentro de algo grande, entero, nuevo, con el propósito de descubrir un mundo íntegro, armónico.

¿Es preciso dividir el curso de la Sabiduría de la Conexión en semestres como suele hacerse en la universidad, o conviene dictarlo en forma fluida sin una clara división?

El formato de la universidad está destinado únicamente a principiantes. Para darles una sensación de avance, hay curso A, curso B, y así sucesivamente. Durante los estudios se dan calificaciones, certificados de reconocimiento, certificados de méritos etc.

Luego estas cosas desaparecen ya que la persona entra dentro de una inclusión personal conjunta y global, que para ella significa un movimiento hacia adelante, su gran entrada al sistema integral. Y aquí ya no hay lugar para la división en cursos.

Se trata de que la gente dedique todo su tiempo libre a los estudios, y con ese ritmo intenso llegará en un par de meses al entendimiento de la situación general. Al paso de medio año, como máximo, será posible unir a todas estas personas en una sola gran clase, para un público mayor, un grupo, que estén en constante contacto. Más tarde, como ocurre en toda sociedad, un núcleo de personas más activas se organizarán, y la parte más pasiva se apegará a ellos.

El lenguaje de la nueva cultura
Cuando el método de la Sabiduría de la Conexión se expanda por todo el mundo, ¿en qué forma se llevará a cabo la colaboración entre los diferentes grupos? Y, ¿es aconsejable estar en continuo contacto entre ellos?

Si bajamos la barrera del idioma, con ayuda de traducción simultánea, las personas entenderán sin ningún problema. Ellas entenderán la emoción, las canciones, los bailes, las miradas. También en los movimientos corporales veremos ciertas similitudes.

Cuando se trata de la integración, el modo de expresarse de las personas comienza a ser similar. Las diferencias nacionales desaparecen. Por ejemplo, los movimientos en la danza de los nativos de Sud América y los nativos de África son totalmente diferentes, y a pesar de eso comienzan a moverse en una danza sincronizada tratando de sentirse uno al otro. Esto lo diferencia con la danza moderna, donde cada uno da vueltas y salta solo a una cierta distancia y sin prestarle atención al otro.

En nuestros grupos las personas intentan comunicarse entre sí, acercarse más uno al otro, a veces incluso parar y no moverse, pero lo principal es sentirse físicamente uno con otro y lo más importante, sentirse internamente. Se formó un nuevo lenguaje corporal, incluso una nueva cultura de comunicación, de comportamiento. No es solamente una cultura, es un nuevo arte, el arte de la danza, de la auto-expresión, que proviene del sentimiento integral. Yo espero que esta cultura salga a relucir y con su ayuda la humanidad llegue a un ajuste con el nivel integral.

El proceso de la aparición de un nuevo lenguaje es admirable, y nos demuestra que realmente estamos acercándonos a una imagen única, imagen del "humano". Este lenguaje no existía en el comienzo de la civilización hace unos 5.000 años, en los tiempos de la antigua Babilonia, ni tampoco después cuando la humanidad creció y se extendió por todo el mundo. Este lenguaje está impreso en la humanidad y hoy está surgiendo.

Es decir que si tomamos todas las canciones, todos los bailes y todos los comportamientos de los diferentes grupos, de continentes distintos, revelaremos un gran denominador común. Las diferencias entre ellos son mínimas.

La industria del arte integral

Cuando llegan escenógrafos o músicos que dedicaron toda su vida a su profesión, al curso de la Sabiduría de la Conexión ¿cómo considerar su singularidad?, ¿es necesario utilizar sus habilidades para unirlos, o en estos cursos no es necesario considerar su exclusividad?

La industria de desarrollo del método integral es comparable a una gran empresa de construcción, procesa y elabora distintas formas de materiales de comunicación, de información, de capas enteras de distintas culturas y de noticias. En los cursos nosotros también necesitamos de escritores, poetas, cantantes y músicos, realmente necesitamos de todos.

Estas personas comienzan a comunicarse entre sí, buscan una forma de expresar las emociones que nacen en el proceso de aprendizaje, y todo esto sin sentirse obligados a hacerlo. Tenemos la posibilidad de darles lugar, y aceptarlos con alegría, pero ellos lo hacen por sí solos. Personas creativas buscan la forma de expresarse, ellas se "huelen" unas a los otras, se unen y forman conjuntos musicales, grupos de arte, grupos teatrales y más. Producen videos juntos, canciones y obras teatrales. Todo esto ocurre de forma natural, y nosotros los apoyamos para que lo hagan. Luego, todos juntos disfrutamos de su arte.

Yo pienso que de esto nacerá una nueva cultura que será solicitada y recompensada. Con el tiempo, llenará todas las redes virtuales en las que comenzarán a sentir el vacío que existe en ellas, tales como series televisivas que se muestran hoy en día. El individuo de hoy ya no las soporta y por lo tanto no van a durar mucho tiempo.

¿Es posible crear una serie televisiva integral? Y si fuera posible ¿cómo sería esta serie?

Pueden ser cuentos cómicos o trágicos, la persona que busca algo puede encontrarlo o no, y dentro de la búsqueda entra en estados a favor o en contra, considera y define si le gusta lo que encontró o no. Como en una película, hay un principio, un pico y un final. Y si se trata de una serie, debe terminar con un "continuará", estas son las normas del estilo.

Yo creo que las normas del estilo están formadas de acuerdo total con el egoísmo humano, que hay que seducirlo, atraerlo, alejarlo, darle algo, luego relajarse y nuevamente dejar en suspenso. Estas normas son conocidas por todos los autores de las series. Nosotros también debemos utilizarlas, porque la naturaleza humana no ha cambiado. Solo que nuestro contenido es diferente - es integral.

En una película y en una serie siempre hay una escena principal en la que el héroe y el antihéroe se encuentran, y uno de ellos vence. ¿Cómo se vería esta escena desde el punto de vista integral?

La escena principal es cuando el individuo se encuentra a sí mismo, con dos figuras opuestas de sí mismo, y debe tomar una decisión. Finalmente llega a una decisión por sí solo, o con ayuda del grupo, o de la familia, o debido a repentinas circunstancias que lo dirigen hacia el sentido correcto. Y si no fuera el sentido correcto entonces sería no más que un previo dentro de una secuencia.

Criterios de autoestima

Cada actividad tiene su criterio para medir su eficacia, ya que para las personas es importante entender los estados correctos durante su trabajo para poder mejorar la calidad de su trabajo, y agregarle esfuerzo. ¿Cuáles son los criterios de eficiencia que deben existir en un grupo integral, para que el individuo realice su trabajo de la mejor manera?

La medida es personal e interna en relación al grupo. Puesto que el individuo se encuentra todo el tiempo dentro de una sociedad pequeña, puede continuamente analizarse a sí mismo, revisar si está relacionado con la sociedad de forma equilibrada y recíproca, y cómo esta le afecta. Averigua si está influyendo sobre la sociedad y en qué forma puede hacerlo bajo la influencia de la misma, y si lo está haciendo de forma positiva.

Es decir que estos son todos los criterios del "yo" y de la "sociedad": yo me encuentro por sobre ella para poder influirle de forma positiva y me encuentro por debajo de ella para poder recibir su influencia positiva. Y el entorno, en relación a mí, también influye desde arriba, y desea recibir, desde abajo, mi participación en ella. Por lo tanto, hay aquí métodos muy sencillos y directos para medir en qué estado se encuentra la persona. A cada instante ella puede decir en qué estado se encuentra.

Preocupación por la salud

Yo sé que el orden del día y la salud de los miembros del grupo tienen una importancia bastante grande.

Yo pienso que si en estos grupos se concentraran personas libres de trabajos superfluos, que solamente contaminan el medio ambiente, y la mayor parte del día lo tuvieran libre, a excepción de dos o tres horas diarias que trabajan a favor de la sociedad integral, entonces de esta forma se podrían involucrar en deportes y actividades físicas.

Parte de las actividades serían al aire libre, en la naturaleza, en el mar, en viajes, excursiones, paseos, picnics, y si las condiciones lo permiten, estas actividades podrían durar más de un día. Todo esto ya lo estamos poniendo en práctica hoy.

En estos grupos encontramos masajistas cualificados, profesores de baile, expertos en quiropráctica, y más. Nosotros vemos que el grupo tiene vida propia, que incluye ayuda mutua, y respuestas para problemas de salud. Nosotros le dedicamos mucha atención al tema de salud. Es una parte inseparable del desarrollo integral.

En la Sabiduría de la Conexión no menospreciamos el desarrollo físico. Quiere decir que por lo menos tres veces por día, durante media hora, nos dedicamos a una actividad física como correr, caminar rápido, masajes, etc. Todos deben participar de esta actividad.

Problemas de trastornos mentales
¿Cómo hay que tratar a personas con trastornos psiquiátricos?

En principio, hay que identificar a esas personas de forma inmediata, entender cuán capacitados están de mantenerse dentro de las normas generales, y cómo el proceso del trabajo puede ser una amenaza para su estado mental. Si este proceso influye mal en ellos, se los saca del grupo delicadamente, por un tiempo o definitivamente.

Con el fin de tratar estas personas, nos ayudamos de psiquiatras que dan su opinión basada en la observación del individuo durante un tiempo y basada también en la opinión de amigos y familiares. No hay duda alguna que el individuo con problemas psiquiátricos, que se encuentra en el grupo durante bastante tiempo, puede provocar resultados negativos. Es una fuga de energías muy malas.

Prácticamente no nos encontramos con éste tipo de problemas. Son pocas las personas de éste tipo. Por lo general ellos están equilibrados, de alguna manera. Para aquellos que son sacados del grupo por un tiempo, se les dará una nueva posibilidad de volver. A veces este proceso es recurrente, y es porque ellos no están capacitados de avanzar al ritmo del grupo, y por su bien, es conveniente cada tanto alejarse del grupo. Pero por lo general encuentran fuerzas para compensar los problemas

Capitulo 12
Un nuevo grado de existencia

Principios del capítulo:
- ¿Cuál es la función y posición del maestro, cuántos instructores tiene el grupo?
- Acerca de la función y posición del maestro en la Sabiduría de la Conexión.
- Acerca de los cuatro niveles de evolución - inanimado, vegetal, animal y humano.
- Acerca del plan en toda su expansión, el Plan de la Creación.
- ¿Nos espera alguna otra etapa de evolución después del nivel "humano"?

Todo depende de la preparación
¿Cuál es la importancia de prepararse para el día siguiente, en la Sabiduría de la Conexión, y de qué manera debe hacerse?

La preparación antes de la clase es lo más importante, lo principal. Sin esta, el material no podrá ser captado, en especial los contenidos de carácter integral, que es algo que va más allá de la realidad física. Nosotros queremos tener otro nivel de contacto entre nosotros, tener otra visión del mundo y de nosotros mismos, por lo tanto, la preparación es la que lo determina todo.

La noche anterior debemos prepararnos para la clase, debemos dar a los alumnos tareas para el hogar, misiones a realizar. Que cada uno lea o escuche el material de estudio antes de dormir, que se quede dormido teniendo en la mente el material leído y que se despierte con este.

Además, los alumnos deben hacer una preparación conjunta antes de la clase y cuando saben a ciencia cierta que todos están preparados y que tienen el mismo propósito, el mismo punto de vista y que todos están equilibrados, entonces se puede empezar a enseñar.

Los alumnos tienen que llegar a sentirse en ese estado integral, tienen que desear llegar a ese estado aun antes de comenzar la clase, de esa manera la clase transcurre en un nivel integral. Es por eso que la preparación es la parte más importante, la determinante.

¿Cuándo usted habla de tareas para el hogar, a qué se refiere?

Las tareas para el hogar pueden ser muchas cosas, escuchar una canción, ver un videoclip o un cortometraje, leer un artículo, lo importante es que la persona se centre en ese propósito antes de ir a dormir, en integrarse a los demás, para unirse a ellos y que se duerma con esos pensamientos. El último pensamiento con el que se va a dormir determina la noche que pasará y con ese pensamiento se despertará a la mañana siguiente, es por esto que es tan importante.

Lo mismo ocurre a la mañana siguiente, cuando la persona se despierta, sus primeros pensamientos son muy importantes, porque son los que determinan su grado de conexión con el tema y luego, alrededor de quince minutos antes de comenzar la clase, se ha de introducir a todos en ese sentimiento mediante una preparación conjunta.

¿Es decir que todos los días deben comenzar estando enfocados en la integralidad, en la unión?

Se debe comenzar desde la noche, está escrito en el texto bíblico que "Y fue la tarde y la mañana, un día"[6]. Estas no son solamente palabras, porque el día comienza con la preparación del día anterior, con la manera correcta de ir a dormir, la cual le da a la persona el deseo, los pensamientos y acumula el potencial para el próximo día.

Duración del sueño

A menudo, la persona no puede dormir ¿Significa esto algo? ¿Debería dormir por lo menos media hora durante el día?

Depende de la persona. Si la persona está ocupada seriamente en su trabajo consigo misma, entonces yo recomiendo dedicarle un tiempo al descanso durante el día y practicar según un método determinado. De esa manera la persona podrá conciliar el sueño por un pequeño lapso de tiempo durante el día, para luego poder sentirse despabilado como después de un largo sueño. Cuando se trabaja en la Sabiduría de la Conexión, el descanso es esencial, porque este es un trabajo que va acompañado de tensión interna, de grandes

---

6 *Génesis 1:5*

esfuerzos de unión, esfuerzos internos, mentales y emocionales, es por eso que la persona debe descansar, es preferible dormir menos durante la noche, pero recuperar la falta de sueño durante el día.

Maestro, alumno y lo que está entre ellos
¿Cuál es el trabajo de los maestros de la Sabiduría de la Conexión? ¿Ellos también tienen que estar conectados al grupo?

El método de la Sabiduría de la Conexión es un sistema unificado que capacita a los maestros, cada uno de acuerdo a su especialidad. Entre ellos hay educadores, instructores, asistentes, expertos en desarrollar el método, en crear programas de estudio y demás. A su alrededor hay muchas personas que se ocupan de preparar videoclips, películas, artículos, materiales de estudio, materiales creativos, canciones, bailes, juegos, etc. Es decir, no estamos hablando solamente de un par de maestros, sino de una "planta de producción" para capacitar a profesionales. Estos deben comprender la relación integral que los une y basándose en ese entendimiento, crear todos los productos.

Los instructores deberán aprobar diferentes cursos, comparar impresiones y capacitar a sustitutos adecuados, además de otras fuerzas. El instructor mantiene contacto con todos, se desenvuelve en un marco muy rígido, en el cual debe aprender y enseñar, aconsejar, contribuir con ideas propias con las personas que crean el material, el trabajo de los instructores es muy importante, serio y multidisciplinario.

Dijimos anteriormente que el grupo debe estar compuesto por decenas de personas ¿Cuántos instructores deben haber en un grupo?

Hay que distinguir entre capacitación y educación. La capacitación se imparte de manera frontal, mirando películas especializadas y para esto es suficiente un solo instructor, porque el trabajo en la clase es solamente con material de estudio. Sin embargo, hay clases prácticas que se desempeñan mediante charlas y averiguaciones, en las que el grupo se reparte en sub-grupos: acusadores y acusados, participantes activos y pasivos, hombres y mujeres. A veces los miembros del grupo representan una escena en tribunales o cualquier otro tipo de escena entre los grupos, en esos casos es necesario que esté presente un número de instructores, es posible que haya un instructor y una instructora o es posible que haya un mayor número de instructores para poder equilibrar el sistema y trabajar correctamente. Por lo tanto el número de maestros e instructores depende de la dimensión del trabajo, del tema, del nivel de la clase y demás.

Uno de los principios más importantes es la igualdad entre los miembros del grupo. ¿El principio de igualdad también se guarda en la relación instructor-alumno?

Los conocimientos se pasan de mayor a menor, es decir, el instructor debe tener el carisma apropiado. Debe saber cómo mantener al grupo interesado y ser para ellos como un científico, como un profesor, como un conferencista. Por supuesto que hay lugar para los debates, para las discusiones, eso es algo natural donde hay plena democracia, entendiendo que hay un maestro y alumnos, estudiantes. En las lecciones prácticas es preferible que haya un guía, para mantener el respeto que los alumnos tienen hacia el instructor. Otros guías, los que llamamos "empleados de laboratorio" o "auxiliares de docentes", darán lecciones prácticas junto con los alumnos para que "mastiquen" y elaboren el material estudiado a fin de que sea captado mejor.

En el método de la Sabiduría de la Conexión, el material de estudio es algo vivo, porque habla con la persona acerca de sus problemas internos, sus cambios. En especial cuando hablamos del hogar, de los niños y de la familia, o de las relaciones de trabajo y las sociales, por lo tanto es necesario llevar a cabo un trabajo práctico, y serio, de laboratorio. Se puede utilizar la ayuda de otros especialistas para que estimulen debates de escenas específicas a favor y en contra del tema a tratar, de comportamientos diferentes. Los especialistas analizarán los comportamientos y los agudizarán, para que los alumnos entiendan el material de estudio de manera clara y se adapten a este, es decir, lo asimilen.

Se pueden utilizar diferentes métodos para influir en los alumnos a que salgan de sí mismos y que despierten interiormente, para que adopten una de las posiciones y solamente entonces comenzar el proceso de aclaración, como lo que ocurre con los actores, donde el artista recolecta caracteres, rostros, retratos y cuando le dicen: "Ahora actúa como un noble y ahora como campesino o burgués" este se reviste inmediatamente de la imagen que ya está preparada en su interior, entra en esos personajes y los hace vivir.

Eso es lo que tiene que ocurrir también aquí. Todos actuamos de acuerdo a los patrones que hemos adquirido, esto lo saben muy bien los psicólogos y un buen ejemplo de esto son los estereotipos y patrones de comportamiento que adoptamos de los diferentes medios de comunicación, por lo tanto, tenemos que ofrecerle a la persona modelos muy desarrollados de comportamiento integral, de una interrelación apropiada, para que sea capaz de entrar con facilidad a esos modelos en cualquier situación de su vida.

A diferencia del actor, uno no solo interpreta los personajes, sino que a través de la actuación, comienza a adaptarse y a identificarse con ellos. Es imposible tener éxito sin estas etapas intermedias, para esto se necesita un completo aprendizaje práctico y a las personas les gusta ocuparse de esto.

Maestro inspirador
¿Cómo se puede medir la eficacia del trabajo del instructor?, ¿O es que no se puede poner en duda su habilidad?

En el sistema integral los maestros son clasificados durante su trabajo. El curso se inicia con unos cuantos maestros y durante su labor con el grupo se podrá apreciar qué tipo de trabajo es adecuado para cada uno de ellos. Durante el trabajo, ellos se reorganizan y después de unos meses cada uno encuentra su lugar, su afición, las áreas en las que se desenvuelve mejor y entonces, los grupos de los que ellos se encargan, empiezan a funcionar correctamente. Al mismo tiempo, el maestro va desarrollando su método, escribe resúmenes, participa en la creación de materiales auxiliares y educativos, de esa manera encuentra su sitio.

Sin embargo, hay quien no tienen talento retórico, entonces hay que tratar de ayudarlos, para que no sientan el trabajo en el grupo como una carga, porque la persona está aquí como alguien que crea, está creando una nueva sociedad, supuestamente se encuentra a nivel del Creador y forma del " animal" a la persona. Él despierta fuerzas que se encuentran en nuestra unión y formamos en nuestro interior una imagen integral llamada "humano".

Por lo tanto, es indispensable ver en los instructores a personas que inspiran, que nos dan el ejemplo, sino, el grupo sería una estructura sin vida que lentamente se va degenerando. Nosotros seguimos de cerca a los maestros y cambiándolos, podemos llegar al resultado deseado. Además, dentro del grupo, los instructores se van cambiando entre ellos, de acuerdo a su área de especialización, como lo que ocurre en la educación superior, donde todo va de acuerdo a la especialidad, cada profesor con su materia.

A veces uno tiene tendencia a compensar su complejo de inferioridad o cualquier otro defecto. También en el método de la Sabiduría de la Conexión se emplearán instructores que tratarán de compensar algún defecto ¿podrá la integralidad resolver este tema?

El exterior no define absolutamente nada. Entre los instructores pueden haber personas que no sean atractivas o agradables, incluso pueden ser antipáticos o groseros, pero cuando un alumno se ocupa del trabajo interior, esos defectos no le molestan y si bien no comienza a agradarle, sí comienza de repente a aceptar esos defectos con mayor consideración, como si provinieran de una persona cercana a él, incluso llega a ver en ellos cierto encanto.

Despedida del grado animal
De acuerdo al "ciclo de relación", una expresión del método Gestalt, hay cuatro etapas en la función de la persona que integra un grupo ¿de dónde proviene ese número? ¿Cuántas etapas tendrían que existir de acuerdo a la ley de la naturaleza?

De acuerdo a la ley de la naturaleza hay cuatro etapas de evolución que provienen de una etapa superior – una raíz, siendo esta la primera etapa, la naturaleza misma. De la raíz se desarrollan cuatro etapas adicionales, siendo la cuarta etapa, la forma final del deseo; nosotros sentimos esta cuarta y última fase como nuestra, como nuestro "yo" y no lo vemos como algo que nos llega de afuera, sino como algo que se forma dentro de nosotros.

¿Cuáles son esas etapas, en el contexto del curso de la historia de la evolución del egoísmo?

Los pasos se clasifican de acuerdo a los niveles de la naturaleza: inanimado, vegetal y animal. Nosotros todavía pertenecemos al nivel animal, porque nos preocupamos por nuestro cuerpo físico y de todo lo que lo rodea. Aunque somos "animales sofisticados", sin embargo seguimos siendo animales, porque todos nuestros problemas y preocupaciones se centran en nuestra vida física, y lo que nos importa es lo que revitaliza nuestro cuerpo. En la actualidad entramos en la cuarta etapa, la etapa del desarrollo humano.

El "hombre" es esa imagen que incluye todos nuestros pensamientos, aspiraciones y deseos, que se une y se eleva por encima de nuestra naturaleza física, hacia la cual nos empuja y conduce la naturaleza en la actualidad. Si respondemos a ese llamado y avanzamos por el camino correcto, entonces llegamos al estado integral del "hombre", un estado en el cual se unen todos nuestros deseos y pensamientos.

Nosotros sentimos en conjunto a esos nuevos deseo e intelecto que se encuentran en un nivel superior al del nivel animal, a tal punto que cuando entre nosotros estamos coordinados, dejamos de sentir nuestra existencia física. Nosotros nos preocupamos por nuestro cuerpo, alimentación, sexo, familia, le damos lo que nuestro cuerpo necesita y elevamos el resto de sus requisitos al nivel de unión, integralidad, responsabilidad mutua. Esa es la cuarta etapa que tenemos que alcanzar.

La crisis actual es crítica. En realidad, es el punto de cambio que debemos pasar. Yo espero que lo pasemos reconociendo que necesitamos y debemos elevarnos al siguiente nivel.

Etapa de transición al grado humano

Si hablamos de las cuatro etapas de desarrollo, entonces ¿en qué etapa nos encontramos en la actualidad?

Si nos basamos en la evolución humana, entonces nosotros existimos desde hace decenas o incluso cientos de miles de años y esa evolución la podemos dividir, de acuerdo a la historia, en tres etapas, siendo la actual la cuarta etapa. En la actualidad toda la humanidad se encuentra en la transición de la tercera a la cuarta etapa.

A partir del siglo 16, a finales de la época medieval, comenzó la revolución industrial, el desarrollo de las civilizaciones y la ciencia, esa es la tercera etapa. Es decir, la humanidad comenzó a preocuparse por su existencia intensivamente, a preocuparse por sí misma como quien se preocupa por un ser vivo, y ese es el nivel animal. Se trata de las revoluciones burguesas y que finalmente desemboco en el capitalismo.

Anteriormente, la humanidad vivía en el nivel vegetal. El Medioevo, la época antigua, fueron épocas de carácter evolutivo vegetal. Antes del nivel vegetal existió el nivel inanimado, en el cual bastaba con utilizar pequeñas fuerzas y poca eficiencia laboral para que el hombre consiguiera preocuparse solamente por su propia supervivencia.

Las cuatro etapas del desarrollo humano
¿En qué se caracterizan los niveles de inanimado, vegetal y animal del desarrollo humano?

El inanimado, es la fase en la que el ego de la persona es muy pequeño, en la que aún no despierta en la persona ninguna necesidad de relacionarse con los demás. En esta etapa la persona es pasiva, sin cambiar nada de su entorno. Por ejemplo, la persona que trabaja la tierra con sus manos o con utensilios primitivos para conseguir su alimento, esa es la etapa inanimada, es decir, que no se desarrolla, sino que está siempre en el mismo nivel, no crece, no prospera a comparación del vegetal que es el siguiente nivel.

Vegetal es algo que crece, es algo al que le falta movimiento propio, que no es capaz de grandes logros, no puede cambiar su forma, solamente cambia su entorno inmediato, pero solamente como vegetal que extiende sus raíces y toma un poco de todo, pero es muy poco lo que puede conseguir, solamente de manera limitada y como su ego no tiene la posibilidad de permitirle hacer suyo lo que consiguió, entonces no tiene sentido tomar riesgos, invertir fuerzas en ello, sufrir.

La fase animal es, ante todo, el desarrollo tecnológico, es lo que se encuentra fuera de la persona. Nosotros comenzamos a crear herramientas para conquistar al mundo, incluso al espacio. Esta etapa comenzó con la invención de la imprenta y con algunas otras invenciones en la Edad Media.

En realidad, la edad media es un nivel de evolución nada sencillo. Fue una época muy viva, que despertó internamente. Partiendo de investigaciones del proceso evolutivo, podemos entender en la actualidad, que en esa época se produjeron procesos muy interesantes y de gran potencia, procesos que fueron la base de la siguiente etapa.

Debemos enfatizar que en las etapas anteriores no vimos esto pues la diferencia entre el nivel inanimado y el vegetal es mínima. La relación entre estos es muy fuerte, es decir que uno contiene al otro y cada uno se convierte en el otro. Sin embargo, entre el nivel vegetal y el animal hay una diferencia enorme. La diferencia está en la libertad de elección, en el movimiento, en el espacio personal, en la conquista del espacio y demás.

El desarrollo interno de la persona fue una consecuencia de ello. La gente empezó a conquistar entusiásticamente a la naturaleza, a expandirse hacia nuevos horizontes y a descubrir nuevas tierras. Todo cambió - la agricultura, el trabajo, las ciudades, la división de las personas en diferentes grupos, en clases. Después de esto comenzó el movimiento en pos del parlamento, en aras de la libertad.

La humanidad se convirtió en activista en todos los niveles, a comparación con el estado anterior, y esta actividad fue aumentando. En el siglo 20, la humanidad consiguió la unión. Llegamos a la integración, a la reciprocidad egoísta, para prepararnos para el siguiente nivel de desarrollo.

A mediados del siglo 20, la integración comenzó a manifestarse a través de diferentes grupos que se fundaron, como el "Club de

Roma"[7] y otras organizaciones internacionales. Estas comenzaron a percatarse de la revelación del nivel holístico de la naturaleza y cómo afectaba a la sociedad si no se actúa de acuerdo a ella, ya que la falta de equilibrio con la naturaleza nos produce sufrimiento. Muchos comenzaron a escribir y a hablar acerca de esta forma holística, cada uno de acuerdo a su especialidad, como biología, sociología, política, mineralogía, e incluso en la especialidad de finanzas y economía.

Todos estos despertares se fueron acumulando y llevaron a que se dieran las condiciones previas para poder pasar a la siguiente etapa. Estas condiciones comenzaron, como en todo movimiento en desarrollo, con pequeñas objeciones que luego fueron creciendo, hasta que finalmente es imposible parar y quedarse en el estado anterior. Entonces, rompiendo el estado anterior, se revela el nacimiento del nuevo escalón.

Problemas durante la etapa de transición

Todos estos despertares hacia la transición a la siguiente etapa, comenzaron por pequeñas crisis. En un principio, la educación empezó a tambalearse ligeramente al igual que las relaciones sociales, la economía y luego otros sistemas. Las relaciones de pareja comenzaron a desmoronarse, lentamente aparecieron las drogas, antes de estas apareció el alcoholismo, pero las drogas lo superaron, también el terrorismo apareció de repente.

---

7 El "Club de Roma" fue fundado en el año 1968 como una asociación formal de científicos, economistas, ex presidentes de nación, hombres y mujeres, preocupados por mejorar el futuro del mundo a largo plazo de manera interdisciplinar, holística y sistemática. www.clubofrome.org

La humanidad comenzó a mostrar signos de tensión, como resultado de la falta de éxito de todos los sistemas esenciales para nuestra existencia, debido a que hemos creado estos sistemas basándonos en reglas egoístas, cada uno según su área, "esto es tuyo y esto es mío y no te interpongas". Esta es la manera en que cada uno protege su libertad, su espacio personal. Mientras tanto, la naturaleza nos comienza a demostrar la manera en que destruye todas las barreras existentes entre nosotros, rompe las paredes que nos separan y nosotros volvemos a entrar en un albergue común, es decir, en la convivencia, la cual no deseamos y no estamos preparados para aceptar.

En el pasado, cuando nuestro ego aún era pequeño, estábamos dispuestos a esa manera de vivir, donde todos éramos una sola familia, una sola aldea o una sola comunidad, la gente no cerraba las puertas de su casa y todos mantenían una buena relación. Una gran familia, hijos, padres, abuelos, todos vivían en una sola habitación y no se avergonzaban uno del otro. En cambio, hoy en día, todo es muy diferente, ya que nos separa un gran egoísmo, cada uno prefiere estar solo en su departamento, esconderse detrás de la computadora y el teléfono y tener el menor contacto posible con los demás. La gente no se reúne en familia, solamente se conectan por un corto tiempo para tener satisfacción sexual y luego se separan.

De repente, la naturaleza comienza a destruir todos los límites y a acortar la distancia entre nosotros. La crisis actual es muy grande. Nosotros tratamos por todos los medios de ignorarla, pero esta se refleja en todos los niveles de nuestras relaciones.

Hoy en día ya no existe la crisis en la familia, porque las familias simplemente se desintegran. La mayoría de las familias no funcionan como tales, la gente ya no quiere formar una familia. La falta de interés por formarla cada vez es mayor y en la actualidad esto ya se convirtió en una norma. Tanto es así, que cada pareja que se casa y forma una buena familia, tiene hijos y todo se desenvuelve de la mejor manera, se considera un tipo de anacronismo.

Otro problema son las drogas. Nosotros somos conscientes de este fenómeno, tratamos de encontrar alguna solución, luchamos contra esto, pero muy delicadamente. Entendemos que es un problema imposible de evitar, ya que la propia sociedad, nuestra vida misma, nos exigen buscar un refugio, para escapar de la carga de la vida.

Otro problema es la educación. No nos importa qué tipo de educación recibirán nuestros hijos, porque no vemos a la educación como la fuente del problema. No tenemos la sensación de que estamos perdiendo la próxima generación, el crecimiento demográfico está disminuyendo. Los padres se preocupan menos por sus hijos, incluso están dispuestos a dejarlos en cualquier lugar, los hijos ya no sienten conexión con sus padres y las diferencias entre ellos van en aumento. Es como si la crisis por la que estamos pasando no la sintiéramos como golpes serios y no comprendiéramos que "estamos en quiebra" en todos los ámbitos de nuestra vida.

Todo desarrollo comienza con efectos pequeños y locales que van creciendo. Este proceso es similar al de disciplinar al niño, al principio lo abordamos lentamente, persuadiéndolo, y luego, de una forma más estructurada, más convincente. En la actualidad estamos bajo una gran presión, porque es algo que ya nos involucra personalmente.

En la evolución del hombre, hemos llegado a una etapa muy seria de discrepancia muy aguda entre nosotros y la naturaleza, donde descubrimos que somos opuestos a ella. El sistema establecido por esta, nos dicta que estemos conectados entre nosotros por completo, mientras que tratamos de escapar de ello, de nuestra total integralidad.

Somos conscientes de que conectarnos entre nosotros puede ser algo positivo, pero no sabemos cómo hacerlo. Todos comprendemos que si las personas se unen dentro del marco educativo, estudiantil, tecnológico y cultural, será mejor y más fácil para todos, pero para hacerlo, tenemos que ir en contra de nuestro ego y esto es algo que somos incapaces de hacer.

Es aquí donde tenemos un problema, ya que si no somos capaces de conectarnos entre nosotros, no podremos abastecernos de lo necesario para subsistir, como alimentos, calefacción, vivienda, seguridad y salud, las cinco condiciones que necesita una persona para sobrevivir. En la actualidad, estamos bajo la presión de la naturaleza y si no nos adaptamos a ella, no podremos abastecernos de estos cinco requisitos.

Nuestra seguridad también depende de la ecología. Nosotros sentimos hoy en día que fracasamos en la lucha dentro del área alimenticia y ecológica, estando estos relacionados entre sí e influenciándose respectivamente.

Esas presiones, miedos, ansiedades, empujarán a la humanidad a tomar una decisión y si no actuamos correctamente, nuestra resistencia a la naturaleza nos llevara al sufrimiento, a las guerras, a la destrucción y al colapso. Debemos evaluar todo correctamente, ya que no tenemos otra opción, sino unirnos para alcanzar el cuarto nivel de desarrollo, el nivel del "humano".

El movimiento hacia la integralidad
¿En que se caracteriza el cuarto nivel integral, el nivel humano, en la evolución humana?

Este nivel tiene una sola característica y es el movimiento hacia la generalidad, a la humanidad en general, hacia la fusión mutua, la integración de todo lo que hace la humanidad en todos los niveles: cultural, científico, diversas interacciones, industrial, en las relaciones comerciales, financieras, etc. Es decir, conseguir de manera práctica, mediante la educación y el aprendizaje integral, la posibilidad de anular todos los límites y convertirnos en personas libres.

Cuando la persona comprende y reconoce que tiene que trabajar solamente para una subsistencia normal, entonces, todo el tiempo que le sobra lo dedica a su desarrollo integral, porque siente que este le proporciona una comodidad y armonía completa. El desarrollo se convierte en la parte más importante para uno y es el que determina la futura sociedad.

Por lo tanto, tenemos que hablar acerca de la transición al nuevo nivel, porque si no nos elevamos por encima del ego por iniciativa propia, entonces la transición podría llegar a realizarse mediante grandes sufrimientos, despertando grandes fuerzas opuestas que nos podrían conducir hasta a una guerra mundial. Sin embargo, esto se puede conseguir mediante una campaña informativa, que es la forma en que nosotros tratamos de actuar.

¿Cuándo llegará la calma?
Las transiciones anteriores de la evolución humana, como la

transición del vegetal al animal, ¿también estuvieron acompañadas de crisis y sufrimientos?

Las transiciones anteriores fueron más sutiles y duraron mucho más tiempo. El primer nivel fue el del inanimado y es el que duró más tiempo, ya que la dimensión del nivel mineral es mucho mayor que el resto de las diversas partes de la naturaleza.

Cada nivel de la naturaleza repercute en otro nivel, pero al mismo tiempo conserva su característica propia. Es por eso que el nivel inerte duró decenas de miles de años, el nivel vegetal duró miles de años, el nivel animal cientos de años y sin embargo nuestro nivel debe concluir dentro de unas pocas décadas.

La naturaleza aspira a que todas sus partes estén equilibradas, en completa compatibilidad, aun desde el Big Bang, que es donde comenzó todo. Ese equilibrio se podrá conseguir, solamente cuando la persona alcance su nivel más alto y pueda completar la imagen integral de unidad y de unión en todo. Lo importante es que la persona, teniendo el nivel más alto de la naturaleza, consiga la completa integración con la naturaleza. Ese es el pedido de la naturaleza, ya que su ley principal es la del equilibrio entre todas sus partes, cada acción aspira al equilibrio, a conseguir el orden máximo invirtiendo el mínimo de energía.

En la actualidad nosotros comprendemos que la persona es la responsable del mayor desorden. Es el único elemento de la naturaleza que goza de libertad de elección, mediante la cual debe llegar a comprender, que la única razón por la cual le fue otorgada la libertad de elección, es para que consiga el equilibrio y armonía con la naturaleza.

¿Cuál es la etapa inicial que precede a todas las etapas del desarrollo evolutivo?

En general se supone que la etapa inicial que precede a todas las etapas del desarrollo evolutivo es algo que existe en forma de pensamiento (conocido como el Plan de la Creación) anterior al Big Bang o durante este. Este supuesto es porque vemos que todas las leyes de la naturaleza son derivados de una sola ley, de un sistema cerrado e integral.

¿Es decir que todo lo que nos acontece es un programa de computación que se realiza ahora?

Eso es lo que estamos descubriendo poco a poco a través de la ciencia. Nosotros descubrimos que en el espacio que nos circunda, y que cuando nos investigamos a nosotros mismos existe, una dependencia, una lógica, cierta ley. Esas revelaciones nos demuestran que nosotros existimos dentro de un sistema de leyes que se relacionan entre sí. Si nosotros no vemos o no podemos ver esas leyes, o si las vemos pero no podemos relacionarlas, ese ya es problema nuestro. Pero aun así, día a día descubrimos más y más relaciones de dependencia en áreas más amplias y ricas, como la ciencia, la economía, la sociedad, etc.

Buena vida para todos

¿El propósito del curso de la Sabiduría de la Conexión es que las personas que quedaron sin trabajo lleven una mejor vida?

El propósito es crear una mejor vida para todos, que haya ocupación para los desempleados. El propósito es repartir todo el trabajo entre todos, cada uno de acuerdo a sus inclinaciones. De esa manera cada uno trabajaría dos o tres horas por día y sentiría el compromiso y tendría la capacidad de otorgar a la sociedad y el resto del tiempo lo dedicaría al método de la Sabiduría de la Conexión.

El curso del desarrollo del egoísmo humano se puede aprender según las cuatro etapas de desarrollo de la naturaleza. ¿Es necesario estudiar otras materias de acuerdo al mismo concepto evolutivo?

No, desde el punto de vista del desarrollo del ego, la evolución, la historia, todas las formas y sistemas que cambian, en realidad son debido al ego. Estas se van adhiriendo de a poco y entonces cambian de repente. Durante años o décadas, una etapa de la actividad social, de las relaciones sociales, de la industria, de la tecnología, cambia por una distinta etapa, ya que una compromete a la otra. Los cambios en las relaciones sociales dieron lugar a que se creara el correo, el telégrafo, el teléfono, notarios, la interacción del parlamento y demás. Es decir, todo cambia en todos los niveles y estratos de las interacciones humanas.

Nosotros no solamente estudiamos historia, sino aprendemos acerca de la evolución en los ámbitos social, económico, tecnológico, aprendemos acerca de todos los medios de trabajo, de la producción y la agricultura. Por ejemplo, la migración depende de la agricultura y afecta a la demografía. Todo está relacionado con todo, además está relacionado con las épocas, edad de hielo, la pequeña edad de hielo, la edad de la ilustración y también la ecología y el clima. Vemos que todo es parte de un único y completo sistema.

¿Con qué fin tiene la persona que conocer y sentir estas etapas?

Si no conozco el pasado, no podré pensar correctamente en el mañana. Yo tengo que ver todo ese vasto sistema, que se mueve constantemente y que nos condujo a nuestra situación actual. Este continúa motivándonos a movernos en los estados de inerte, vegetal y animal, pero nos deja en libertad de elegir el cuarto nivel, porque ese nivel es el que nosotros mismos debemos completar.

Tener una visión de ese sistema, me permite hacer diversas estimaciones y ver la manera de cómo seguir adelante. Tengo que sumar mi participación personal por elección propia, interactuando correctamente con los demás para reconstruirme a mí mismo y a la sociedad y todo esto antes de recibir golpes. Si no sumo mi libre elección, entonces las partes inertes, vegetales y animales que llevo dentro de mí, me empujarán groseramente hacia adelante y despertarán en mi las acciones adecuadas. Estas pueden ser graves enfermedades, terremotos, trastornos sociales, etc.

Aun no tenemos una perspectiva clara de todo el proceso, porque hay que acumular mucho material empírico. Sin embargo, mientras tanto, se puede suponer qué tipo de golpes experimentaremos y estos serán como empujes por detrás, es decir que avanzaremos "por las malas", a no ser que lo impidamos mediante la unión, a través de una participación reciproca, con el anhelo de unión y armonía. Es por eso que es tan importante estudiar el pasado.

Alarmante indiferencia

¿Es la libre elección estar de acuerdo con la Sabiduría de la Conexión, convertirse en una persona integral voluntariamente?

La concientización de la educación según la Sabiduría de la Conexión es primordial, no hay nada más importante que la educación. Nadie lo desea, pues todos somos egoístas, sin embargo cuando comenzamos a comprender hacia donde nos conduce la actual situación, entonces comprendemos la importancia del siguiente estado, lo imprescindible que es y la falta de posibilidad de salir de esa situación en la que vivimos, hasta que lo consigamos. Todo esto, por el lado positivo.

Y por el lado negativo, ¿qué pasará si cierro los ojos? Así como un niño pequeño cuando se tapa los ojos, para él nada existe.

Si analizo la situación siendo consciente de ella, podré ver los terribles sufrimientos que han sido preparados en cada uno de los niveles para que me empujen al próximo estado. Esos sufrimientos van creciendo gradualmente. No llegan de repente como un gran golpe, sino que al principio vienen en forma de pequeños golpes que van en aumento. Pero yo ya puedo imaginarme lo que se avecina.

Hoy en día nos acercamos a los grandes golpes. Podemos apreciarlo por la dimensión de los desastres naturales y por las revoluciones que se producen en los diferentes países. Ya están hablando abiertamente de la posibilidad de una guerra atómica, pero de una forma más tranquila.

¿Qué puede ser mejor que la armonía con la naturaleza?

Si trato de llegar a un estado integral, invirtiendo esfuerzos en ello, ¿eso me garantiza que tendré una mejor vida?

Por supuesto, no hay nada mejor que estar en armonía con la naturaleza, que influye en ti con toda su fuerza. Si estás en armonía con ella, entonces entrarás en un estado de confort absoluto.

Nosotros nunca lo sentimos. Nuestra vida siempre fue una

carrera que iba de grandes a pequeños sufrimientos. No podemos ni siquiera imaginarnos qué significa un estado de confort y ese estado de armonía con la naturaleza es tan confortable, que cuando estamos en el, ni siquiera sentimos nuestro cuerpo, al cual sentimos solamente cuando nos duele algo, porque si no, no lo sentiríamos.

El estado de absoluto confort, de descanso total, hace que la persona no sienta su cuerpo, la persona siente que su cuerpo se disuelve, que no existe.

Si todo eso es tan obvio ¿por qué la gente no aprovecha esa oportunidad?

Es como un niño pequeño que tiene que esforzarse, pero no quiere. Nosotros tratamos de facilitar el proceso a través de la creación previa de un buen entorno, para que la persona que se incorpore a este, le sea fácil, simple y agradable. Pero para esto hacen falta muchos recursos. Es necesario crear una organización que esté por encima de los gobiernos, que sea mundial y que tenga a su disposición grandes recursos.

Acerca del Escritor y acerca del Instituto ARI

Dr. Michael Laitman tiene título de maestría en Cibernética Médica, es Doctor en Cabalá y Filosofía y Profesor de Ontología y Teoría del conocimiento. Está al frente del Instituto Internacional ARI, el cual se dedica a la investigación y desarrollo de la nueva educación global, y presenta la clave a la solución de los problemas socio-económicos de nuestros tiempos.

Dr. Michael Laitman, filósofo de renombre a nivel internacional, trabaja en cooperación con científicos e investigadores internacionales, entre ellos: la Sra. Irina Bokova - Secretaria General de UNESCO, la Dra. Asha-Rose Migiro – Asistente de la Secretaría General de la ONU, etc. Es una figura solicitada y hasta hoy ha sido entrevistado en los medios de comunicación más destacados en el mundo: CNN, BLOMBERGTV, etc.

Durante el año 2005, el Rav Dr. Michael Laitman fundó el Instituto de Investigación ARI, con el fin de desarrollar un sistema educativo para adultos y niños, adaptado a los cambios globales, a los cuales se está enfrentando hoy en día la humanidad entera, y a los sistemas económicos-sociales internacionales cambiantes. Su meta es presentar una alternativa educativa e informativa que nos permita crear un entorno del cual se formará una humanidad más desarrollada, adaptada a los nuevos desafíos que cada uno de nosotros presencia en este mundo globalmente interconectado.

Dr. Michael Laitman es un cabalista. Durante el año 1991 fundó "Cabalá Laam", organización que se dedica al estudio de la sabiduría de la Cabalá y su diseminación. Sus clases se basan en las autenticas fuentes originales de la Cabalá del rabino cabalista Yehudá Ashlag, conocido por su apodo "Baal HaSulam", autor de la Interpretación de la "Escalera" del libro del Zóhar, y de quien lo precedió, su hijo mayor, el Rabino Cabalista Baruj Ashlag (el Rabash), del cual el Rav Michael Laitman fue su secretario y asistente personal y hoy continua su obra.

Hasta el día de hoy han sido publicados más de 40 libros, traducidos 20 idiomas, en el marco de "Cabalá Laam" y el Instituto ARI.

Apéndice: Científicos y filósofos sobre la vida en un mundo global e integral

Alain de Benoist, Geopolítico y Filosofo

"El punto histórico en el que vivimos es, sin duda, el punto de la globalización. Y no existe ningún mundo exterior, fuera del mundo global.

Hemos entrado a un período en el que las naciones no son la imagen central. La aspiración a unificar al planeta es la aspiración a la unión. Esta se enfrenta a oposiciones y se revela en forma de chovinismo. Por lo tanto, la globalización no es solamente la unión. Es también la división y la separación, que son resultado de esta unión. Y de esta forma se construye. Este fenómeno determina la era que estamos viviendo."

Albert Einstein (extracto de su artículo publicado en la revista "Monthly Review", en honor a su primera edición en mayo de 1949) "Ahora puedo señalar brevemente lo que me parece la esencia de la crisis de nuestros tiempos. Esto se relaciona con la actitud del individuo hacia la sociedad. El individuo está más consciente que nunca de su dependencia de la sociedad. No obstante, no experimenta esta dependencia como algo positivo, como una conexión orgánica, como una fuerza de protección, sino como una amenaza a sus derechos naturales, o incluso a su existencia económica. Es más, el estado social del individuo expresa constantemente los impulsos egoístas de su personalidad, mientras que los impulsos sociales (más débiles por naturaleza) se van atrofiando. Todos los humanos, sea su estatus social el que sea, sufren de este proceso de degeneración. Involuntariamente prisioneros de su propio egoísmo personal, se sienten inseguros, solitarios y excluidos de los simples placeres de la vida y de la inocencia. Solo dedicándose a la sociedad, puede encontrar un sentido a su corta y tormentosa vida."

Elisabet Sahtouris, Bióloga Evolucionaria
"Los humanos sobre el planeta son la experiencia más nueva del universo, que biológicamente siempre se caracteriza por los ciclos: de la unión a la individualidad, a través de la cual se despierta el conflicto, ocurre la negociación, se consigue la colaboración y entonces se avanza a la unión en el próximo nivel, más elevado. Esta es la razón por la que la historia de la evolución es tan importante hoy en día, para ayudarnos a entender dónde se encuentra la humanidad, y cuál es nuestro próximo paso."

Michael Walsh, Antropólogo Cultural
"Lo que yo definiría como tragedia de nuestros tiempos es el hecho de que estamos más conectados que nunca, y a pesar de ello, no lo reconocemos y no vivimos realmente la conexión."

Steve Jobs, fundador de Apple
"Creatividad no es más que 'la capacidad de conectar entre cosas. El individuo tiene una capacidad limitada de imaginación, por lo tanto la creatividad de la mayoría de nosotros no es extraordinaria,

pero resulta que el intercambio de imaginaciones conduce a procesos maravillosos de creación y fertilización mutua."

Alfie Kohn, Escritor, de los pioneros de la educación progresiva en los Estados Unidos

"No solo que la excelencia no exige competencia, sino que incluso exige su ausencia. Las investigaciones demuestran que el estudio en cooperación programada rigurosamente, es más eficiente en una amplia gama de escalas de logro que cualquier otra forma de estudio, a comparación de la competencia que desestabiliza la posibilidad de éxito."

Sir Ken Robinson, de renombre internacional en el terreno de la educación, la creatividad y la innovación

"El problema con el sistema educativo actual proviene del hecho que este fue diseñado, creado y fundado para otra era, y que trata de encontrarse con el futuro usando herramientas del pasado."

"Nuestros hijos viven en el período más intenso de la historia del planeta. Están sido atacados por la información, que llama su atención desde todos los puntos: computadoras, teléfonos móviles, propagandas, cientos de canales de televisión, y nosotros los castigamos por su distracción. ¿De qué? Por lo general, del material aburrido en el colegio."

Robinson sugiere tres soluciones para la corrección de los fallos del sistema educativo:

1. Superar el viejo concepto de "teórico", "no teórico", "abstracto", "profesional", y ver la verdad sobre la educación: mito.

2. Reconocer que la mayoría del estudio significativo ocurre en grupos: la cooperación conduce al crecimiento.

3. Cambiar la cultura de nuestras instituciones.

Joan Borysenko (extracto de su libro en inglés "Why you burn out and how to revive" – Cómo quemarse y cómo revivir)

"Si un día de trabajo tiene 8 horas de duración, diariamente, cinco días a la semana, la posibilidad de llegar al estado de desgaste psicológico y físico debido a la tensión y el estrés, es mayor 6 veces. En los grupos de riesgo no se encuentran solo los más pedantes y los workaholics.

El asunto es que, hoy en día, las compañías reducen el personal, y la carga sobre los obreros restantes se incrementa, pero estos temen protestar para no llegar a la lista de candidatos para el despido. Esta situación es especialmente difícil para las mujeres. En el caso de "quemarse", uno pierde la motivación y la fuerza de vivir. Este caso es prácticamente irreversible, y puede conducir a un colapso nervioso y a suicidios.

En casos de frustración, que llegan como resultado de la tensión, varía el funcionamiento del cerebro. La zona del cerebro responsable del miedo, comienza a funcionar, el funcionamiento del lóbulo frontal cambia y perdemos control de nuestros sentimientos. En el trabajo, el individuo se restringe, pero en su casa, se saca toda su frustración con sus familiares. De modo que la "quemazón" envenena las relaciones interpersonales."

Dr. Moiseyev, especialista en Cibernética, miembro de la Academia de Ciencias de Rusia

"Espero que nuestros educadores comprendan pronto la necesidad de un curso de introducción sobre "Comprensión del mundo actual. La razón es que la crisis en las relaciones entre la sociedad humana y la naturaleza va creciendo, y por lo tanto aumenta la necesidad de la sociedad de una educación que sale más allá de las fronteras de la estrecha especialización.

El humano de hoy tiene que en el mundo en su totalidad. Solo entendiendo el desarrollo general del mundo y la lógica de esta evolución, podremos superar las implementaciones de la próxima crisis, e incluso evitarla.

Un curso de esta índole tiene que impartirse antes del estudio de las ciencias sociales y la filosofía, puesto a que constituye la introducción necesaria a estos estudios. El curso es necesario especialmente para los futuros especialistas en ciencias humanas, para los cuales las ciencias naturales y la ecología moderna se encuentran al margen de los temas de interés.

Este curso es necesario para ingenieros y físicos, porque las facultades de ciencias naturales y de ingeniería no imparten suficiente información sobre los procesos de desarrollo del mundo moderno y los procesos de estructuración de la información. Los especialistas en estos campos también tendrán que solucionar varios problemas de ecología, política y moral en el mundo actual."

www.ingramcontent.com/pod-product-compliance
Lightning Source LLC
Chambersburg PA
CBHW070630290526
45790CB00001B/65